丹興遺珍

重庆市黔江区第一次全国可移动文物普查成果专辑

重庆市黔江区文化委员会 著

西南交通大学出版社
·成都·

图书在版编目（CIP）数据

丹兴遗珍：重庆市黔江区第一次全国可移动文物普查成果专辑 / 重庆市黔江区文化委员会著. —成都：西南交通大学出版社，2018.11

ISBN 978-7-5643-6322-2

Ⅰ. ①丹… Ⅱ. ①重… Ⅲ. ①文物－普查－概况－黔江区 Ⅳ. ①K872.719.3

中国版本图书馆 CIP 数据核字（2018）第 182108 号

丹兴遗珍

——重庆市黔江区第一次全国可移动文物普查成果专辑

重庆市黔江区文化委员会 / 著

责任编辑 / 罗小红
助理编辑 / 赵永铭
封面设计 / 曹天擎

西南交通大学出版社出版发行
（四川省成都市金牛区二环路北一段 111 号西南交通大学创新大厦 21 楼　610031）
发行部电话：028-87600564　028-87600533
网址：http://www.xnjdcbs.com
印刷：成都市金雅迪彩色印刷有限公司

成品尺寸　210 mm × 285 mm
印张　12.5　　字数　209 千
版次　2018 年 11 月第 1 版　　印次　2018 年 11 月第 1 次

书号　ISBN 978-7-5643-6322-2
定价　298.00 元

ISBN 978-7-5643-6322-2

《丹兴遗珍——重庆市黔江区第一次全国可移动文物普查成果专辑》编委会

前言

第一次全国可移动文物普查是国务院继第三次全国文物普查（不可移动部分）之后在文化遗产领域开展的又一次重大国情国力资源调查，其目的是全面掌握我国文物资源、加强文物保护、建设文化遗产强国的战略工程，也是加强文物保护管理，推进公共文化服务体系建设的基础性工作。

按国务院部署要求，第一次全国可移动文物普查从 2012 年 10 月开始准备，2013 年 1 月 1 日正式实施，2016 年 12 月 31 日全面结束。普查标准时间点是 2013 年 12 月 31 日。

2013 年 5 月，黔江区成立第一次全国可移动文物普查小组，下设普查办公室，负责安排部署全区的普查工作。此次普查所需经费得到区财政的大力支持，并列入相应年度的专项资金，为普查工作顺利开展提供了经费保障。

我区的普查工作分调查、认定、采集、登录、审核、验收六个步骤。2013 年，区普查办对全区 525 家国有单位开展了摸底调查工作，其中机关 116 家、事业单位 376 家、国有企业 33 家。

2014 年，区普查办组织专家组对我区非文博单位申请认定的藏品进行筛选及认定，排除明显不符合本次普查文物认定范围的藏品，最终认定黔江区旅游天地有限公司收藏 51 套、冯家街道办事处收藏 4 套、重庆市民族博物馆收藏 43 套。黔江区图书馆收藏的 562 套古籍图书已登录到国家系统的数据，黔江区文物管理所收藏的 569 套已经认定过，不再进行认定。

采集是普查最为核心的重要工作，分文字采集和影像采集两部分。文字采集的主要内容是：文物名称、类别、级别、年代、质地、外形尺寸、质量、完残程度、保存状态、包含数量、来源、入藏时间、藏品编号、收藏单位等 14 项基本指标，生产制造、文字、造型、图案、来源、考古发掘、流传经历等 11 项附录信息，照片影像资料以及收藏单位主要情况。影像采集包括文物的正面图、俯视图、侧视图、全景图、局部图和底部图等图像资料。在采集过程中，我们本着科学、严谨的态度，做到了准确、详实、规范、客观。

登录实行边采集边登录的形式，即采集几天或采集完一个类型后，将采取的数据和内容录入到离线软件上，然后再采集再录入，最后从离线软件上分期分批上传至国家文物局可移动文物普查系统平台。

审核包括四个层次：一是各国有文物收藏单位初审；二是区普查办审核；三是市普查办审核；四是经过审核确定无误的信息，再正式上报国务院普查领导小组办公室终审。

验收包括两个层次：一是 2016 年 9 月，由区普查办，对我区国有收藏单位登录的文物信息进行验收，各单位均按时完成了平台数据登录，完成率 100%，采集的资料信息也符合验收标准，均验收合格。二是 2016 年 10 月，重庆市第一次全国可移动文物普查领导小组办公室组织专家对黔江区普查工作进行了现场验收，通过对文物档案、调查资料、普查名录、平台登录信息等审查，黔江区普查工作顺利通过验收，并获市普查办验收组专家一致好评。

经普查统计，截止 2013 年 12 月 31 日，黔江区共有国有可移动文物收藏单位 5 家，文物收藏量 1229 件 / 套（实际数量 6357 件）。按单位分，黔江区文物管理所 569 件 / 套、黔江区图书馆 562 件 / 套、黔江区冯家街道办事处 4 件 / 套、黔江区旅游天地有限公司 51 件 / 套、重庆市民族博物馆 43 件 / 套。按级别分：一级文物 3 件 / 套、二文物级 12 件 / 套、三级文物 31 件 / 套、一般文物 601 件 / 套、未定级 582 件 / 套。按类别分，共 28 个类别，包括古籍图书 567 件 / 套、钱币 112 件 / 套、标本化石 70 件 / 套、家具 63 件 / 套、织绣 60 件 / 套、竹木雕 43 件 / 套、金银器 40 件 / 套、石器石刻砖瓦 39 件 / 套、瓷器 31 件 / 套、铜器 27 件 / 套、书法绘画 22 件 / 套、雕塑造型 22 件 / 套、陶器 20 件 / 套、乐器法器 19 件 / 套、玉石器宝石 16 件 / 套、武器 12 件 / 套、铁器及其他金属器 10 件 / 套、文具 10 件 / 套、度量衡器 5 件 / 套、票据 3 件 / 套、牙骨角器 2 件 / 套、文件宣传品 2 件 / 套、玺印符牌 2 件 / 套、档案文书 2 件 / 套、碑帖拓本 1 件 / 套、名人遗物 1 件 / 套、音像制品 1 件 / 套、其他 27 件 / 套。其中，唐铜钟、汉龙纹虎钮铜錞于、明凤鸟形金身铜尾头饰、宋龙耳玉杯、清《尖达塔度》古籍抄本入选重庆市馆藏文物“镇馆之宝”名单。

本次普查取得了很大成绩：一是摸清了家底，基本掌握了我区可移动文物的数量、分布、特征、保存现状等基本情况及其价值；二是提高了各有关单位的文物保护意识，尤其是文博系统工作人员的科学知识、专业技能和管理水平，为进一步建立具有现代化科学素养的专业队伍创造了条件；三是协调了文物管理部门和政府各相关部门的关系，形成共同保护文物的工作合力；四是为健全文物保护体系，加大保护力度，扩大保护范围，保障文物安全，准确判断文物保护形势、科学制定文物保护政策和规划提供了依据；五是有利于进一步促进文物资源整合利用，丰富公共文化服务内容，充分发挥文物在社会主义先进文化建设中的重要作用，促进经济社会全面协调和可持续发展。

为充分展示黔江区第一次全国可移动文物普查成果，宣传黔江历史文化，给学术研究提供真实的文物资料，区普查办决定编辑出版《丹兴遗珍——重庆市黔江区第一次全国可移动文物普查成果专辑》。项目编辑成员在认真做好文物调查和数据整理的同时，对我区可移动文物普查登录的文物进行了分析研究，从文物价值、图片质量、分类比例及典型性等多方面因素考虑，经过编委会认真审核，最终遴选了 245 件 / 套具有典型特征和代表性的文物照片 265 幅，配上文字说明，汇编成册。该书大致按照文物质地类别的体例进行编排，既综合考虑了各类型文物所占的比例，强调富含本土文化的文物，突出地方民族特色等因素，又突显了文物分类常识、发展序列、珍稀程度和价值大小等特点，对三级以上的珍贵文物给予了较多的关注。

谨以此书献给参与、关心和支持黔江区第一次全国可移动文物普查工作的社会各界人士，并向为普查工作做出贡献的一线普查队员表示崇高的敬意。

黔江区第一次全国可移动文物普查领导小组办公室

二〇一八年七月

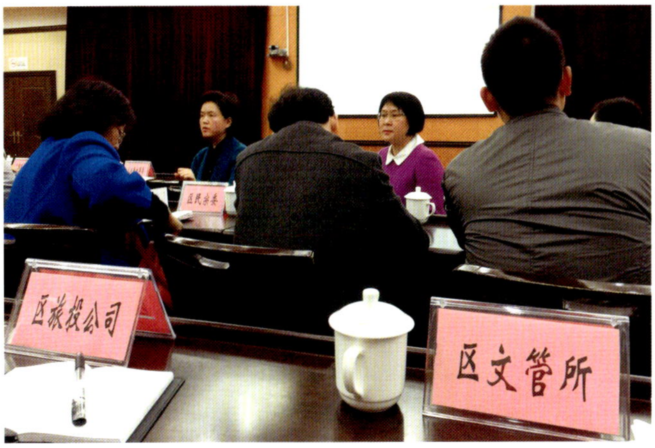

领导重视

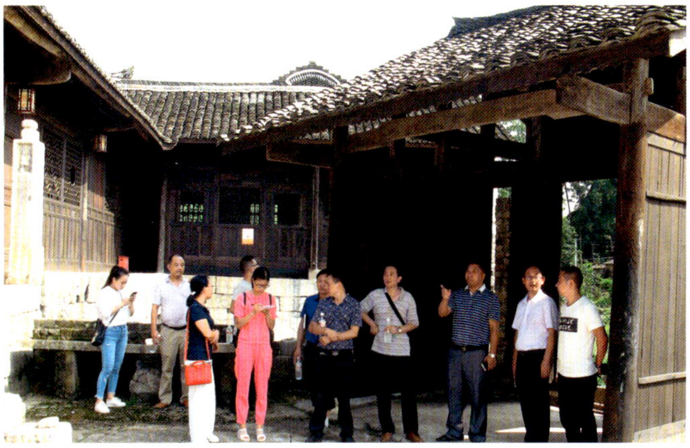

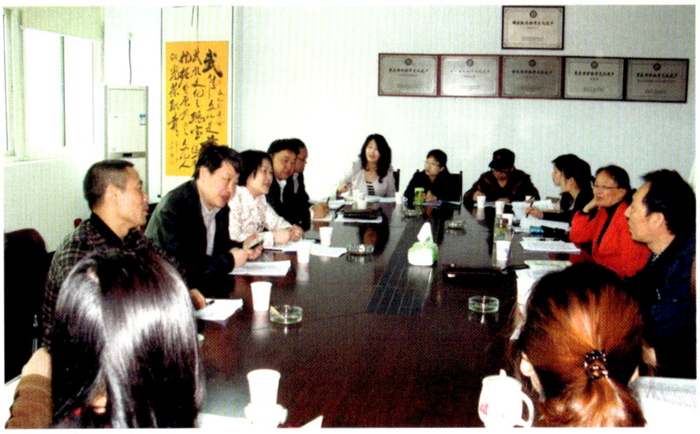

部门协调

验收合格

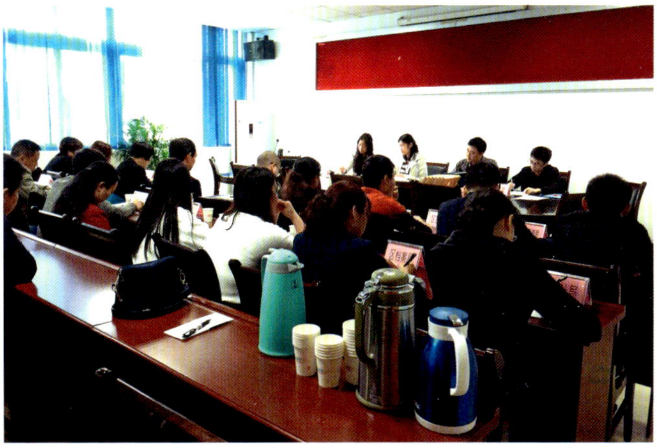

拍摄资料

制作拓片

研究成果

目录

壹 化石 01

恐龙尾椎骨化石·白垩纪 02

恐龙左股骨化石·白垩纪 02

珊瑚化石·志留纪 03

鱼化石·侏罗纪 03

三叶虫化石·泥盆纪 04

三叶虫化石·泥盆纪 04

介壳沉积化石·侏罗纪 05

无孔贝化石·志留纪 05

贰 玉石砖瓦 07

龙耳玉杯·宋 08

玉柄锡壶·明 08

玉碗·清 09

荷叶形玉佩·明 10

桃形玉佩·清 10

“寿”字纹圆形玉饰·清 11

太极纹玉饰·清 11

桃花纹玉牌·清 12

素面玉璧·清 12

玉手镯·清 13

“寿”字纹翡翠簪·清 14

镶银玉簪·明 14

龙首玉带钩·明 15

凤首玉带钩·明 15

“福”字形玉佩·清 16

玉瓶·清 17
石核·旧石器时代 18
石片·旧石器时代 18
石斧·新石器时代 19
石斧·新石器时代 19
石斧·新石器时代 20
石纺轮·东汉 20
“古思州人”石印章·清 21
狮形石插座·清 21
葵花纹石刻·明 22
“永赖”石刻·清 22
冉土司夫人白氏墓志碑·明 23
“石城”碑·清 23
重建三台书院石碑·清 24
说文部首石碑·清 25
圆雕魁星石像·清 26
圆雕寿山石寿星像·明 27
镂雕松鹿纹石笔筒·清 28
圆雕带座石狮·清 29
几何纹砖·东汉 30
几何纹砖·汉 30
灰陶筒瓦·明 31
浅浮雕花草纹砖·清 31

叁 陶瓷器 33

蓝釉瓷杯·明 34
红陶鸡·东汉 35
湖蓝釉花卉纹瓷绣墩·清 36
蓝釉双螭耳瓷瓶·清 37
粉彩五子戏罗汉瓷像·清 38
粉彩罗汉瓷像·清 38
粉彩童子抱兔瓷像·清 39
褐釉印花瓷扁壶·清 39
粉彩送行图瓷像·清 40
粉彩送子观音瓷像·清 41

粉彩观音瓷像·清 41
粉彩山水纹瓷筒·民国 42
景昌生款粉彩牡丹纹双耳瓷瓶·民国 43
湖蓝釉带盖陶罐·明 44
民国仿成化款仿哥窑瓷瓶·民国 45
粉彩人像瓷笔筒·民国 46
粉彩人像瓷挂瓶·民国 47
青花“福”字带盖瓷罐·清 48
日本神代款青花瓷碟·公元十九世纪 49
青花缠枝菊花纹瓷盘·清 49
青花山水纹葵口瓷碗·清 50
鸦片陶烟斗·清 50
青釉瓷碗·明 51
蓝釉瓷笔洗·清 51
黑釉塔式陶谷仓盖罐·明 52
褐釉贴塑龙纹陶谷仓罐·明 53
褐釉倒流陶壶·民国 54
双连陶谷仓罐·明 54
镶粉彩八仙木座屏·清 55

肆 金银器 57

柳叶形金簪·明 58
凤鸟形金身铜尾头饰·明 58
观音像金银簪·明 59
韭叶形金簪·明 60
六棱形金簪·明 60
金发冠·明 61
蝴蝶形金饰·明 62
如意云形金饰·明 62
葫芦形金簪·明 63
金手镯·明 63
金环·明 64
嵌宝石镀金银簪·明 64
金挖耳·明 65
金纽扣·明 65
银耳坠·清 66

土家族银项圈·清 66
罗汉像银帽饰·民国 67
"福禄寿喜"银帽饰·民国 67
银簪·明 68
童帽银饰·民国 68
六瓣荷叶银杯·清 69
菊花顶银簪·明 69
串珠形银手镯·明 70
银牙签挖耳套件·民国 71
蝴蝶纹银饰·民国 72
镂空银饰·明 73

伍 钱币 75

金冥币·明 76
"早生天界"金冥币·明 76
苏维埃"叁串"布币·1933年 77
法兰西银币·1908年 78
椭圆形银锭·清 78
"顺风大吉满载而归"铜压胜钱·清 79
"镇宅之宝"铜压胜钱·清 79
"半两"铜钱·西汉 80
"五铢"铜钱·东汉 80
"五铢"铜钱·东汉 81

陆 铜铁锡器 83

龙纹虎钮铜錞于·汉 84
铜钟·唐 85
铜鸡·汉 86
铜釜·汉 86
铜釜·汉 87
弦纹铁釜·宋 87
鱼鸟纹铜锺·东汉 88
益寿延年铜锺·东汉 89
蚕纹铜钲·战国 90
鱼纹铜钲·战国 90
锦鸡纹铜镜·明 91

“状元及第”铜镜·清 91
铜甬钟·战国 92
铜甬钟·战国 92
“富贵昌宜侯王”双鱼铜洗·汉 93
“大吉羊宜侯王”双鱼纹青铜洗·汉 94
铁钟·清 95
蝙蝠纹椭圆形铜饰牌·清 96
高足铜盘·清 96
长颈铜瓶·清 97
镀金佛造像·明 98
铜箭镞·汉 99
铜矛·汉 99
清仿明宣德铜炉·清 100
清仿明宣德铜炉·清 100
铜马·汉 101
带盖锡罐·明 101
铁钟·清 102
铁钟·清 103
九眼铁铳·清 104
铜烟斗·民国 105

柒 古籍书画 107

尖达塔度·清 108
济阴纲目·清 109
李义山诗集·唐 109
钦定协纪辨方全书·清 110
左绣·清 110
易经备旨图考大全·清 111
顶门针·清 111
八铭钞二集·清 112
幼学琼林·清 112
氏族笺释·清 113
黔江县志·清 113
杨建屏荷花图残屏·清 114
朱锡鸿山水图残屏·清 115
王溥山水图轴·清 116

光元鲲百寿图轴·民国 117
向导周刊·1933 年 118
毛泽东《论持久战》·1938 年 118
立斋荷花图轴·清 119
鞠周楷书屏·清 120
朱拓“寿”·民国 121
骆秉乾仿石谷老人山水图卷·民国 122
骆秉乾仿石谷老人太守图卷·民国 122
介五福昌阿山水图轴·清 123
光元鲲月夜虎啸图轴·民国 123
陈曦石榴梅花图残屏·清 124
宜之源风雨归舟图轴·清 125
余兆瑞山水人物图轴·民国 126
菊花图屏·民国 127
子安绿阴桥景趣图轴·民国 128
宋忆渊墨梅图轴·民国 129
嵎尚牡丹锦鸡图轴·民国 129
高景篆刻屏·清 130
达之尊行书斗方·清 131

捌 木雕家具 133
“德被群生”木匾·民国 134
木镇纸·清 134
木雕双龙纹洗脸架·清 135
木雕花卉人物纹洗脸架·民国 135
木雕花卉纹油灯架·清 136
木制织布机·民国 137
花鸟龙凤纹木抬盒·清 138
雕花木抬盒·清 139
扶手木椅·清 140
人物纹扶手木椅·清 140
雕花人物纹木椅·清 141
雕花人物书卷纹木椅·清 141
八仙人物书卷纹木椅·清 142
花鸟人物官帽纹木椅·清 142
雕花人物纹木官帽椅·清 143

雕花人物纹木椅・清 143
凤纹半圆木桌・清 144
雕花木圆桌・清 144
雕花圆木桌・清 145
木质八仙桌・清 145
半圆木桌・清 146
直足半圆木桌・民国 146
寿云纹木几案・清 147
木圆凳・清 147
木雕人物花兽纹衣柜・清 148
木雕花兽纹衣柜・清 149
木碗柜・清 150
雕花木床・清 151
木架子床 152
浮雕松鹤纹床面・清 153
木雕花卉螭纹衣帽架・清 153
木礼盒・民国 154
木雕龙纹衣帽架・清 154
木雕花蝶纹梳妆盒・清 155
雕双龙戏珠纹木盒・清 155
木升斗・明 156
木砻・民国 157
"周官西学考"木刻版・清 158
钱串木盘・清 158
墨香书院木刻・清 159
木灵官尺・民国 159
木烟盒・民国 160
木枕・清 160
镂雕钱纹木花板・清 161
镂雕云龙纹木窗・清 161
镂雕鸟纹木花板・清 162
镂雕龙蟹鱼纹木花板・清 162
圆雕木狮・清 163
镂雕人物纹木窗・清 163
镂雕蝙蝠纹木窗・清 164
镂雕持花倚鹿纹木窗・清 164
雕刻戏曲人物图木花板・清 165

玖 挑花刺绣 167

水红色菱格纹西兰卡普·民国 168
蓝色花纹西兰卡普·民国 168
几何纹西兰卡普·清 169
万字几何纹西兰卡普·民国 169
枕帕·民国 170
枕帕·民国 171
挑花方帕·民国 172
刺绣枕顶·民国 173
刺绣骑马抬轿图枕帕·民国 174
挑花布帐帘·民国 174
刺绣绣花鞋面·民国 175
刺绣“捌宝”绣球·民国 175
蓝色刺绣菊花纹女式上衣·民国 176
挑花男式白布裤·民国 176
红绸刺绣麻姑献寿中堂·民国 177

拾 其他 179

海螺杯·清 180
象牙棋子“車”·明 181
征粮卷·民国 182

后记 183

壹 化石

恐龙尾椎骨化石·白垩纪 长135厘米、宽67厘米、厚9厘米。黔江区正阳街道三阳岭出土。

恐龙左股骨化石·白垩纪 长158厘米、宽40厘米、厚14厘米。黔江区正阳街道三阳岭出土。

珊瑚化石・志留纪 长 10.4 厘米、宽 9.4 厘米、厚 3.6 厘米。在原黔江县水市乡采集。

鱼化石・侏罗纪 长 9.8 厘米、宽 7.5 厘米、厚 3.4 厘米。在石柱县黄水镇采集。

三叶虫化石·泥盆纪 长 5.8 厘米、宽 5.4 厘米、厚 2 厘米。在原黔江县水市乡采集。

三叶虫化石·泥盆纪 长 4.6 厘米、宽 3.7 厘米、厚 1.2 厘米。原黔江县刑警队职工捐赠。

介壳沉积化石·侏罗纪　长17厘米、宽11.5厘米、厚8.2厘米。在原黔江县冯家镇桥南河坝采集。

无孔贝化石·志留纪　长1.8~4.5厘米、宽1.7~3.3厘米、厚0.8~2.2厘米。在原黔江县水市乡采集。

贰

玉石砖瓦

龙耳玉杯·宋 三级文物，最宽 10.5 厘米、口径 6.9 厘米、底径 3.2 厘米、高 4.8 厘米。从民间征集。

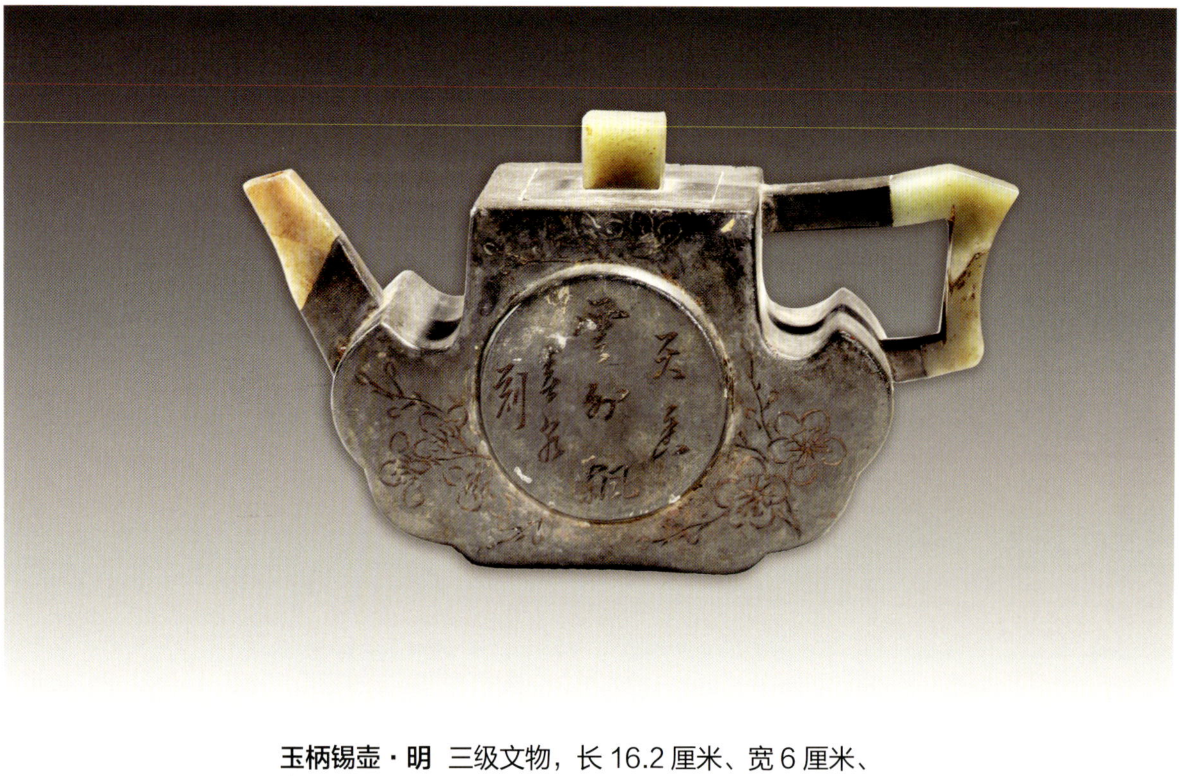

玉柄锡壶·明 三级文物，长 16.2 厘米、宽 6 厘米、高 8.9 厘米。原黔江县公安局移交。

玉碗·清 三级文物，口径 10 厘米、底径 6 厘米、高 6.2 厘米。从民间征集。

荷叶形玉佩·明 长4.5厘米、宽3.8厘米、厚0.3厘米。原黔江县西山明嘉靖钟将军墓出土，公安局移交。

桃形玉佩·清 长9.3厘米、宽7厘米、厚0.4厘米。从民间征集。

“寿”字纹圆形玉饰·清 直径5.5厘米、厚0.2厘米，从民间征集。

太极纹玉饰·清 长7厘米、宽7厘米、厚0.6厘米。从民间征集。

桃花纹玉牌·清，直径 5 厘米、厚 0.4 厘米。从民间征集。

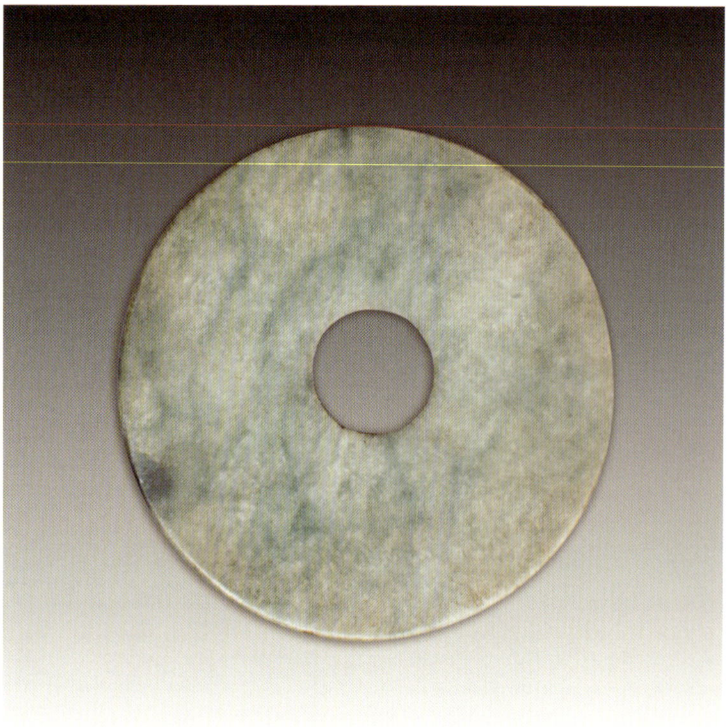

素面玉壁·清 直径 6 厘米、厚 0.5 厘米。从民间征集。

玉手镯·清 两件，直径 8 厘米、厚 0.8 厘米。从民间征集。

“寿”字纹翡翠簪·清 长 14 厘米、宽 1.3 厘米。从原黔江县金溪镇程运仪家征集。

镶银玉簪·明 长 9 厘米、宽 1 厘米。原黔江县西山明嘉靖钟将军墓出土，公安局移交。

龙首玉带钩·明 长8.3厘米、宽1.9厘米、厚1.6厘米。
原黔江县西山明嘉靖钟将军墓出土，公安局移交。

凤首玉带钩·明 长6.3厘米、宽1.3厘米、厚1.3厘米。
原黔江县西山明嘉靖钟将军墓出土，公安局移交。

“福”字形玉佩·清 长6厘米、宽4厘米、厚0.6厘米。从民间征集。

玉瓶·清 长 6 厘米、宽 4 厘米、高 15 厘米。
从原黔江县金溪镇程运仪家征集。

石核·旧石器时代 长5.30厘米、宽4厘米、厚3.4厘米。原黔江县红土弯老屋基洞遗址出土。

石片·旧石器时代 长7厘米、宽8厘米、厚3厘米。原黔江县红土弯老屋基洞遗址出土。

石斧·新石器时代 长11.5厘米、宽8.2厘米、厚2.7厘米。原黔江开发区文化局移交。

石斧·新时器时代 一件长3.2厘米、宽1.7厘米、厚0.6厘米；一件长5.9厘米、宽3.9厘米、厚1.8厘米。忠县哨棚嘴出土。

石斧·新石器时代 长6.3厘米、宽4.4厘米、厚2.7厘米。从原黔江县冯家镇征集。

石纺轮·东汉 直径3.8厘米、厚1厘米。黔江区濯水镇泉孔汉墓出土。

“古思州人”石印章 · 清　高 3.5 厘米、印面边长 2 厘米。原黔江县文物库房清出。

狮形石插座 · 清　长 10 厘米、宽 5.9 厘米、高 4 厘米。原黔江县文物库房清出。

葵花纹石刻·明 长 49 厘米、宽 27 厘米、厚 7 厘米。黔江官渡河瓦屋弯龚巨川墓之碑石，龚巨川为明沿河宣慰使、龚姓土司之始。

“永赖”石刻·清 长 106 厘米、宽 54 厘米、厚 17 厘米。原黔江县电影公司出土。

冉土司夫人白氏墓志碑·明　二级文物，宽 41 厘米、高 45 厘米、厚 7 厘米。原黔江县冯家镇渔滩白氏墓出土。

“石城”碑·清　长 65 厘米、宽 53 厘米、厚 20 厘米。从原黔江县县坝村征集。

重建三台书院石碑·清 长 193 厘米、宽 95 厘米、厚 24 厘米。原黔江县医院门诊部出土。

说文部首石碑 · 清 长 73 厘米、宽 51 厘米、厚 13.5 厘米。从原黔江县石家三会寺征集。

圆雕魁星石像·清 高48厘米、宽34厘米。
黔江区城东街道文峰塔第五层出土。

圆雕寿山石寿星像·明 高 37.5 厘米、宽 5.8 厘米。从民间征集。

镂雕松鹿纹石笔筒·清 宽10厘米、高11厘米、厚4.8厘米。黔江市民余景荣捐赠。

圆雕带座石狮·清 高 11 厘米、宽 9.5 厘米、厚 8 厘米。原黔江县财政局移交。

几何纹砖·东汉 长29～36厘米、宽16厘米、厚8厘米。原黔江县濯水洋田出土。

几何纹砖·汉 长28.5~36厘米、宽16.5～18.5厘米、厚8~9厘米。黔江区濯水镇泉孔汉墓出土。

灰陶筒瓦·明 长 29 厘米、宽 14 厘米、厚 1.1 厘米。在黔江区城南茶园沟采集。

浅浮雕花草纹砖·清 长 35 厘米、宽 16 厘米、厚 6 厘米。从黔江区石会镇会东村斜岩寺附近居民征集。

叁

陶瓷器

蓝釉瓷杯·明 三级文物，口径9.4厘米、底径4厘米、高4.5厘米。原黔江县栅山乡民间墓出土。

红陶鸡·东汉 三级文物，长 10 厘米、宽 15.5 厘米、高 16 厘米。彭水县郁山镇出土。

湖蓝釉花卉纹瓷绣墩·清 底径 23 厘米、高 46 厘米、腹围 119 厘米。从民间征集。

蓝釉双螭耳瓷瓶·清 口径20厘米、底径20厘米、高50厘米。从民间征集。

粉彩五子戏罗汉瓷像·清　宽 24 厘米、高 25 厘米。原黔江县财政局移交。

粉彩罗汉瓷像·清　宽 10~25 厘米、高 11~25.5 厘米。原黔江县财政局移交。

粉彩童子抱兔瓷像·清 宽 10~12 厘米、高 21.5~22.5 厘米。原黔江县财政局移交。

褐釉印花瓷扁壶·清 一件口径 5.4 厘米、底径 11 厘米、高 21 厘米；一件口径 5.1 厘米、底径 9 厘米、高 25.3 厘米。黔江中学美术老师刘大锡捐赠。

粉彩送行图瓷像·清 长 19 厘米、
高 22 厘米。原黔江县财政局移交。

粉彩送子观音瓷像·清 宽 9.5 厘米、高 19.5 厘米。原黔江县财政局移交。

粉彩观音瓷像·清 宽 7.8 厘米、高 27 厘米。原黔江县财政局移交。

粉彩山水纹瓷筒·民国 口径 12 厘米、底径 12 厘米、高 28 厘米。从民间征集。

景昌生款粉彩牡丹纹双耳瓷瓶·民国 口径 7.5 厘米、底径 6.5 厘米、高 21.8 厘米。原黔江县财政局移交。

湖蓝釉带盖陶罐 · 明 高 22 厘米、口径 11.5 厘米。原黔江县册山民间墓出土。

民国仿成化款仿哥窑瓷瓶 · 民国 口径 5.5 厘米、底径 8 厘米、高 22.2 厘米。从民间征集。

粉彩人像瓷笔筒·民国 高 22 厘米、宽 10 厘米。从民间征集。

粉彩人像瓷挂瓶·民国 宽9.2厘米、高23.5厘米。从民间征集。

青花"福"字带盖瓷罐·清 口径 12.3 厘米、底径 13.3 厘米、高 35.5 厘米。原黔江县工农乡僧人墓出土。

日本神代款青花瓷碟·公元十九世纪　口径 12.5 厘米、底径 5 厘米、高 2.5 厘米。从旅顺征集。

青花缠枝菊花纹瓷盘·清 口径 26 厘米、底径 15 厘米、高 4 厘米。从民间征集。

青花山水纹葵口瓷碗·清 口径 19.5 厘米、底径 7 厘米、高 8 厘米。在黔江区白土乡凉洞村征集。

鸦片陶烟斗·清 口径 2.5 厘米、底径5.1厘米、高3.2厘米。从民间征集。

青釉瓷碗·明 口径 14.6 厘米、底径 5.2 厘米、高 7 厘米。从原黔江县西山采集。

蓝釉瓷笔洗·清 口径 21 厘米、底径 8 厘米、高 9 厘米。从民间征集。

黑釉塔式陶谷仓盖罐·明 口径 6.6 厘米、底径 11 厘米、高 30 厘米。黔江区城南街道茶园沟石室墓出土。

褐釉贴塑龙纹陶谷仓罐·明 口径 13 厘米、底径 15 厘米、高 21 厘米。原黔江县西泡一万历墓出土。

褐釉倒流陶壶·民国　宽 14.8 厘米、高 12.5 厘米。从民间征集。

双连陶谷仓罐·明　器身高 13~14 厘米，口径均为 7.5 厘米，底径均为 7.2 厘米。在原黔江县小庄乡采集。

镶粉彩八仙木座屏·清 均宽 70.5 厘米、高 106.5 厘米、底座宽 69.5 厘米。从民间征集。

肆 金银器

柳叶形金簪·明 二级文物，长18.5~19.4厘米、宽2~2.2厘米、厚1.5厘米。原黔江县西山明嘉靖钟将军墓出土，公安局移交。

凤鸟形金身铜尾头饰·明 二级文物，长8.2厘米、宽4厘米、厚1厘米。原黔江县西山明嘉靖钟将军墓出土，公安局移交。

观音像金银簪·明 二级文物，长 11.7 厘米、宽 6 厘米、厚 1.5 厘米。原黔江县西山明嘉靖钟将军墓出土，公安局移交。

韭叶形金簪·明 二级文物，长 13.1 ~ 13.5 厘米、宽 1.1 ~1.5 厘米。原黔江县西山明嘉靖钟将军墓出土，公安局移交。

六棱形金簪·明 二级文物，长 9.5 厘米、宽 0.5 厘米。原黔江县西山明嘉靖钟将军墓出土，公安局移交。

金发冠·明 二级文物，长4.1厘米、宽2.5厘米、高2.9厘米。
原黔江县西山明嘉靖钟将军墓出土，公安局移交。

蝴蝶形金饰·明 二级文物，长4.8厘米、宽3.8厘米、厚1.4厘米。原黔江县西山明嘉靖钟将军墓出土，公安局移交。

如意云形金饰·明 二级文物，长5.7厘米、宽4.7厘米、厚2厘米。原黔江县西山明嘉靖钟将军墓出土，公安局移交。

葫芦形金簪·明 二级文物，长 15 厘米、宽 1.8 厘米。
原黔江县西山明嘉靖钟将军墓出土，公安局移交。

金手镯·明 二级文物，直径 7 厘米、厚 0.6 厘米。
原黔江县西山明嘉靖钟将军墓出土，公安局移交。

金环·明 直径 1.77 ~ 1.83 厘米、厚 0.2 厘米。
原黔江县西山明嘉靖钟将军墓出土，公安局移交。

嵌宝石镀金银簪·明 长 12 厘米、宽 4 厘米。
原黔江县西山明嘉靖钟将军墓出土，公安局移交。

金挖耳·明 长 10.3 厘米、宽 0.5 厘米。原黔江县西山明嘉靖钟将军墓出土，公安局移交。

金纽扣·明 长 1.8~2 厘米、宽 1~1.2 厘米。原黔江县西山明嘉靖钟将军墓出土，公安局移交。

银耳坠·清 长 7.3 厘米、宽 7.3 厘米、高 0.5 厘米。从民间征集。

土家族银项圈·清 长 35 厘米、宽 30 厘米。从民间征集。

罗汉像银帽饰·民国 宽 1.6 ~ 1.9 厘米、高 2.3~3 厘米。原黔江县文教局移交。

“福禄寿喜”银帽饰·民国 宽 3.3 ~ 3.7 厘米、高 3.3 ~ 3.8 厘米。原黔江县文教局移交。

银簪·明 长9.5 ~ 12.3厘米、宽0.6 ~ 2.9厘米。
原黔江县西山明嘉靖钟将军墓出土，公安局移交。

童帽银饰·民国 宽2.3 ~ 4.1厘米、
高2.8~3厘米。原黔江县文教局移交。

六瓣荷叶银杯·清 口径7.9厘米、底径3厘米、高4.6厘米。原黔江县文教局移交。

菊花顶银簪·明 长8.2～11.8厘米、宽2.3～2.7厘米。原黔江县西山明嘉靖钟将军墓出土，公安局移交。

串珠形银手镯·明 弧长分别为8.6厘米、9.4厘米。原黔江县西山明嘉靖钟将军墓出土，公安局移交。

银牙签挖耳套件 · 民国　宽 6 厘米、长 19.6 厘米。从原黔江县濯水镇征集。

蝴蝶纹银饰·民国 长 5.4 厘米、宽 2 厘米。黔江市民欧友生捐赠。

镂空银饰·明 长7.8厘米、宽5厘米、厚2.2厘米。
黔江区城南街道茶园沟发掘出土。

伍 钱币

金冥币·明 二级文物，直径 1.6 厘米、厚 0.3 厘米。原黔江县西山明嘉靖钟将军墓出土，公安局移交。

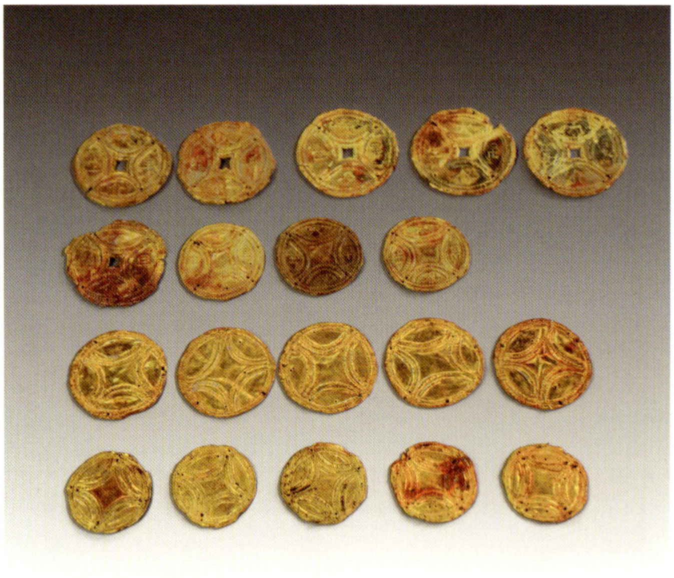

“早生天界”金冥币·明 直径 3.5 ~ 4.8 厘米、厚 0.05 厘米。原黔江县西山明嘉靖钟将军墓出土，公安局移交。

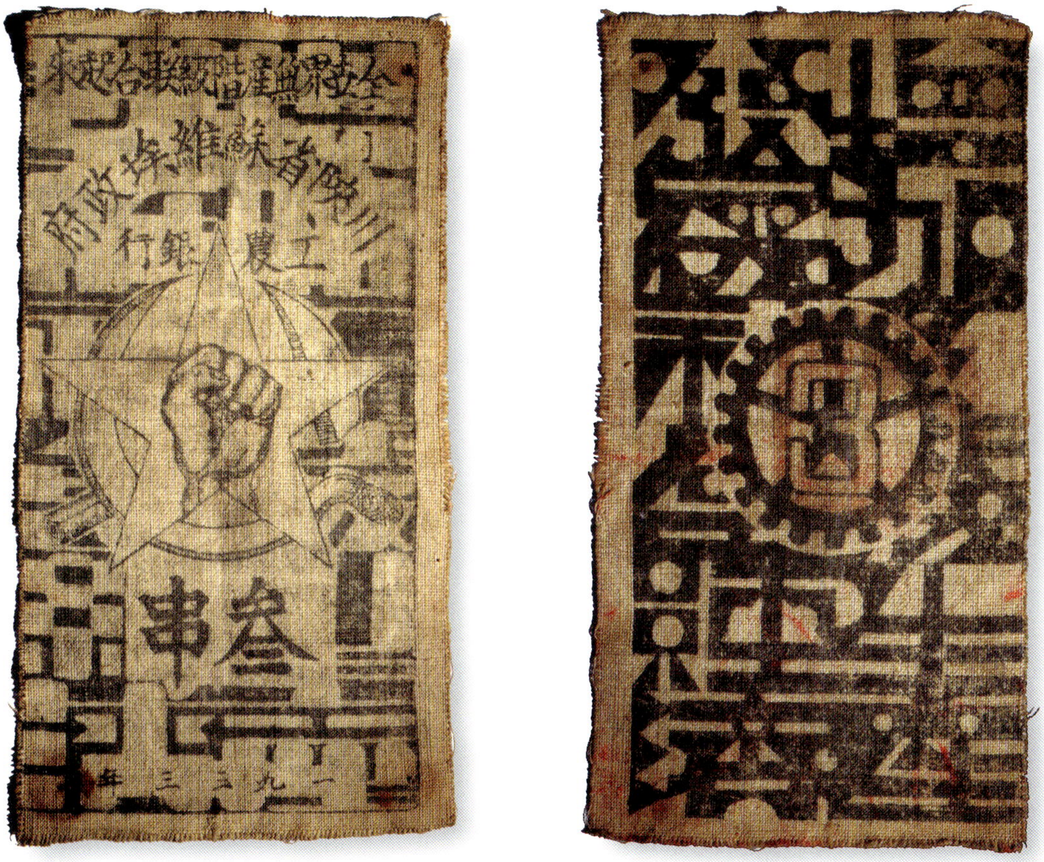

苏维埃“叁串”布币·1933年　三级文物，长15.5厘米，宽8厘米。从原黔江县文化馆旧书中清出。

法兰西银币·1908年 直径3.8厘米、厚0.22厘米。从原黔江县两河盖坪征集。

椭圆形银锭·清 长6厘米、宽5厘米、高2.7厘米。黔江区石会镇真武观遗址发掘出土。

“顺风大吉满载而归”铜压胜钱·清 直径4.5厘米、厚0.2厘米。从民间征集。

“镇宅之宝”铜压胜钱·清 直径13.6厘米、厚0.2厘米。原黔江县百合乡友谊村村民捐献。

“半两”铜钱·西汉 直径 2.3 厘米。
从原黔江县正阳乡团结村鲤鱼池庙堡采集。

“五铢”铜钱 ·东汉 直径 2.5 厘米。
从原涪陵地区点易洞采集。

“五铢”铜钱 · 东汉　直径 2.5 厘米。从原黔江县正阳乡团结村鲤鱼池庙堡采集。

陆

铜铁锡器

龙纹虎钮铜錞于·汉 一级文物，古代巴人军乐器，钮为立式虎形钮，钮四周饰龙纹、云纹、“回”字纹、葫芦纹。高 54 厘米、口径 29 厘米、底径 21 厘米。从原黔江县冯家寨子大路坪玉皇阁征集。

铜钟·唐 一级文物，高 145 厘米、腹围 239 厘米，口径 77.5 厘米。黔州都督苗裔赵国珍铸。全国现存八大唐铜钟之一，其复制品陈列于北京大钟寺古钟博物馆。钟体修长，钟壁垂直，具有典型的唐代风格。钟身有铭文“金紫光禄大夫工部尚书兼黔府都督御史大夫持节充本道观察处置选补等使汧国公赵国珍”。从原黔江县城三元宫玉皇阁征集。

铜鸡·汉 三级文物，长6.1厘米、宽3.9厘米、高6.1厘米。原黔江县太极村出土。

铜釜·汉 炊具，三级文物，高26.5厘米、口径30.5厘米、腹围101.5厘米。从原黔江县冯家镇寨子大路坪玉皇阁征集。

铜釜·汉 炊具，三级文物，高 27 厘米、腹围 114 厘米、口径 32.5 厘米。彭水县古楼乡出土，原黔江县公安局移交。

弦纹铁釜·宋 炊具，三级文物，高 25 厘米、口径 34 厘米、尖底。仰头山出土，原黔江县公安局移交。

鱼鸟纹铜锺·东汉　量器，三级文物，高 37 厘米、口径 12 厘米、底径 22 厘米。从原黔江县邻鄂乡沙田坑出土，刑警大队追缴。

益寿延年铜锺·东汉 量器，三级文物，高 30 厘米、口径 12.5 厘米、底径 12.2 厘米。从原黔江县正阳乡征集。

蚕纹铜钲·战国 军乐器，三级文物，高 38.5 厘米、口宽 13 厘米、钲身长 25 厘米。原黔江县舟白寨坡绿凼田出土。

鱼纹铜钲·战国 军乐器，三级文物，高 38.5 厘米、口宽 12.5 厘米、钲身长 24.5 厘米。原黔江县中塘高石出土，公安局移交。

锦鸡纹铜镜·明 三级文物，直径25厘米、厚0.5厘米。从原黔江县濯水供销社征集。

“状元及第”铜镜·清 三级文物，直径24.9厘米、厚0.7厘米。原黔江县白家湾出土，城厢派出所追缴。

铜甬钟 · 战国 三级文物，高 40 厘米、口宽 19 厘米，编钟套件。原黔江县濯水张家村出土。

铜甬钟 · 战国 三级文物，高 32 厘米、口宽 13.8 厘米，编钟套件。原黔江县 濯水张家村出土。

“富贵昌宜侯王”双鱼铜洗 · 汉　盥洗器，三级文物，高 18 厘米、口径 38 厘米、底径 24 厘米。彭水县古楼乡出土，原黔江县公安局移交。

“大吉羊宜侯王”双鱼纹青铜洗 · 汉 盥洗器，三级文物，高 22 厘米、口径 43 厘米、底径 25 厘米。 原黔江县仰头山出土，公安局移交。

铁钟 · 清 同治四年，三级文物，高 36 厘米、口径 32 厘米。从原黔江县石会工农村小征集。

蝙蝠纹椭圆形铜饰牌·清 长 7 厘米、宽 3.4 厘米。从民间征集购买。

高足铜盘·清 盛器，口径 20.5 厘米、高 15.7 厘米。彭水县石柳乡出土。

长颈铜瓶·清 高 14 厘米、口径 3.9 厘米、底径 5.3 厘米。从原黔江县日杂公司征集。

镀金佛造像·明 宽 11 厘米、高 14.8 厘米。
从原黔江县日杂公司征集。

铜箭镞·汉 长 7 厘米、宽 1 厘米。从原黔江县舟白村采集。

铜矛·汉 长 12.5 厘米、宽 3 厘米。从原黔江县小庄村采集。

清仿明宣德铜炉·清 高7.3厘米、口径8.6厘米、腹围30厘米。从原黔江县杨柳街废品收购站征集。

清仿明宣德铜炉·清 高7.3厘米、口径9.7厘米、腹围33厘米。原黔江县公安局移交。

铜马 · 汉 长 6.3 厘米、宽 2.2 厘米、高 4.7 厘米。原黔江县文化局移交。

带盖锡罐 · 明 高 16.2 ～ 19 厘米、腹围 29.5 ～ 33.5 厘米、底径 6.4 ～ 7 厘米。原黔江县公安局移交。

铁钟 · 清 乾隆二十七年（公元 1762 年），高 138 厘米、口径 125 厘米。从原黔江县冯家渔滩征集。

铁钟 · 清 乾隆二十四年（公元 1759 年），高 127 厘米、口径 93 厘米。 从原黔江县城北半山征集。

九眼铁铳·清 长21.5厘米、宽7.6厘米。从民间征集。

铜烟斗·民国 长 7.2 厘米、宽 3.6 厘米、高 25.3 厘米。从民间征集。

柒 古籍书画

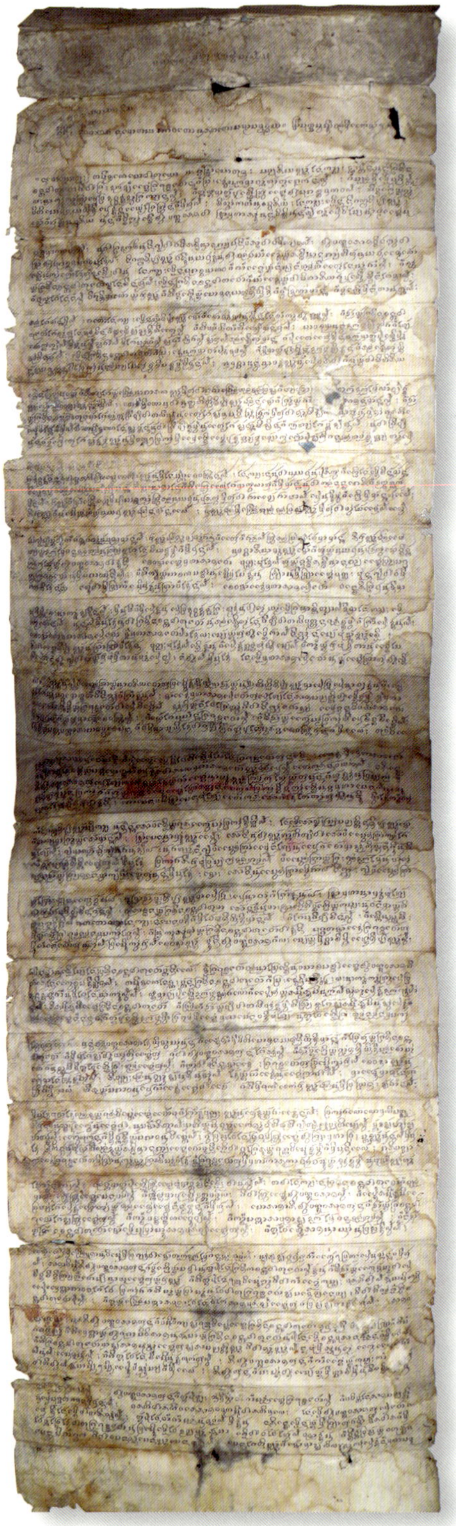

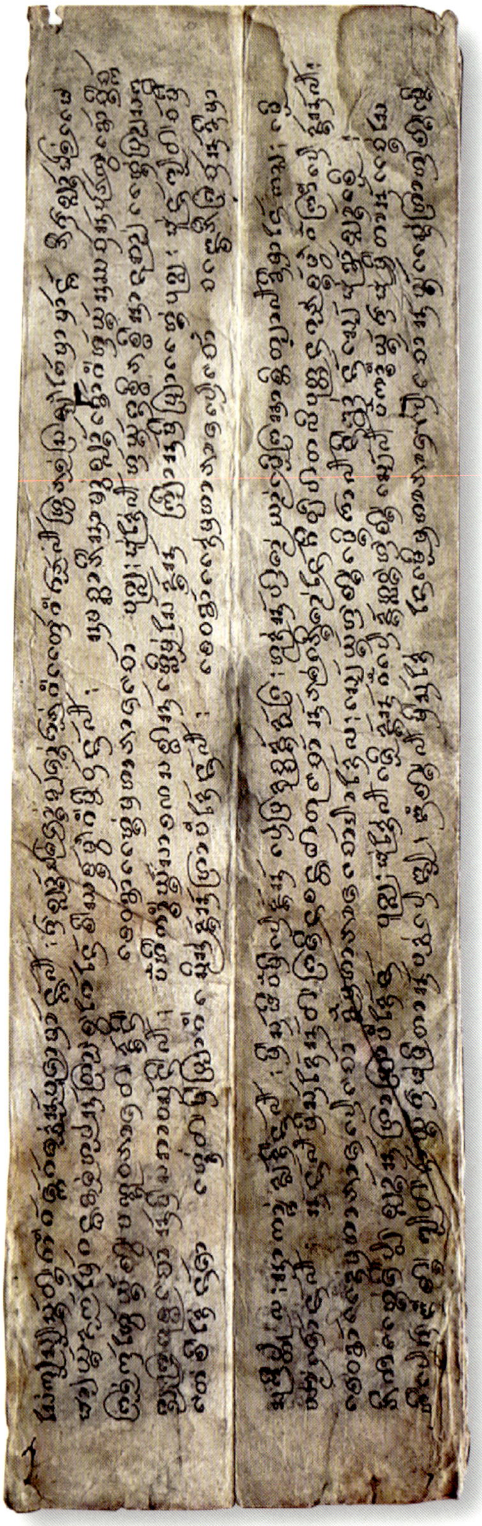

尖达塔度 · 清 国家级珍贵古籍，西双版纳傣文南传佛教经典。经名“四大”，或译作“四界”，是南传大藏经经藏中相应部经里的一部经典。此经贝叶形构皮纸质，折叠装，黔江区图书馆现存全册，正反共 42 面。

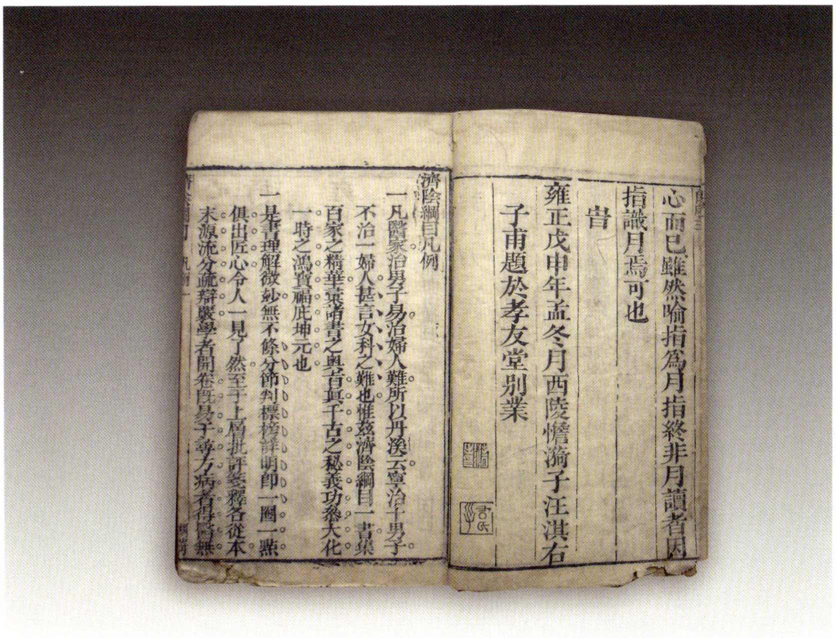

济阴纲目·清　重庆市级珍贵古籍，原著系明武之望辑，共十六卷，此为雍正六年（公元 1728 年）天德堂刻本，黔江区图书馆现藏全套 10 册，被誉为中医妇科权威性著作。

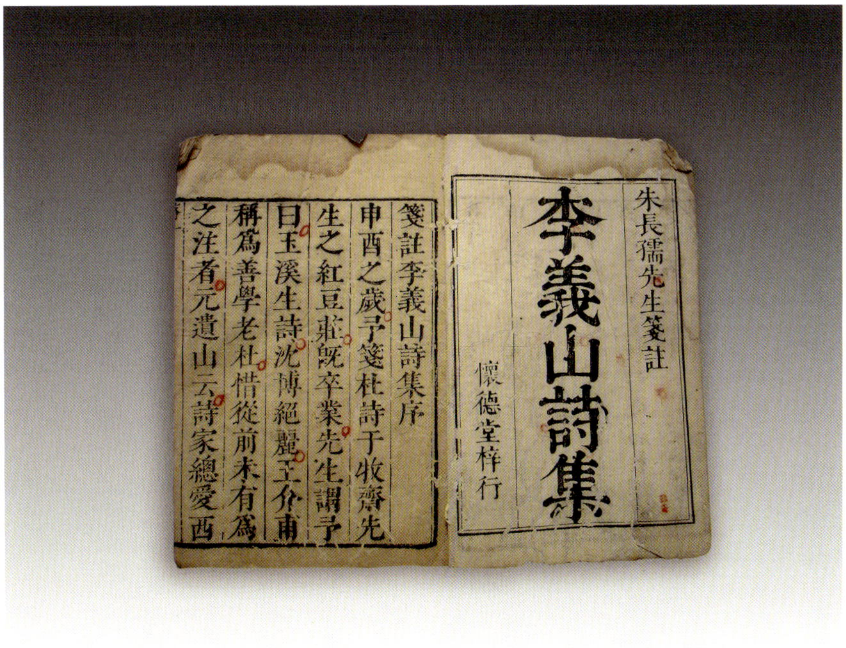

李义山诗集·清　重庆市级珍贵古籍，共五卷，唐李义山著，黔江区图书馆现藏清顺治十六年（1659 年）怀德堂刻本 3 册，为李义山诗集第一注。

钦定协纪辨方全书·清 重庆市级珍贵古籍，乾隆四年（公元1739年）允禄编，全书共三十六卷，黔江区图书馆现藏清乾隆六年（公元1741年）朱墨套印木刻本24册全套。是一部由皇室组织编撰的全国通用的择吉教材，被公认为中国古代择吉学的集大成之作，被《四库全书·子部》收录。

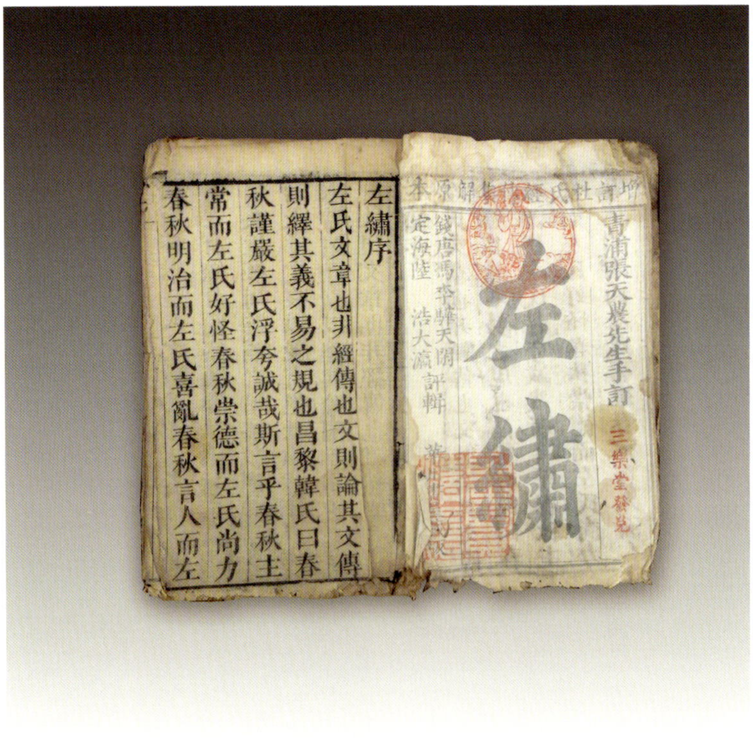

左绣·清 重庆市级珍贵古籍，原著全书共三十卷，杜预撰，黔江区图书馆现存康熙五十九年（公元1720年）华川书屋刻本16册全套。

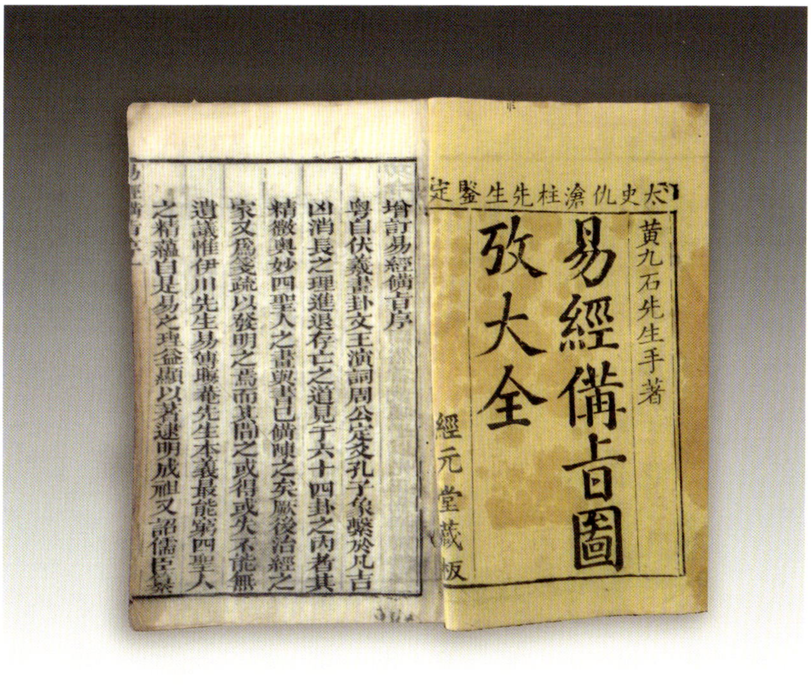

易经备旨图考大全·清 重庆市珍贵古籍，六卷，黄九石著，黔江区图书馆现存乾隆五十五年（公元 1790 年）经元堂刻本，存 3 卷 3 册。

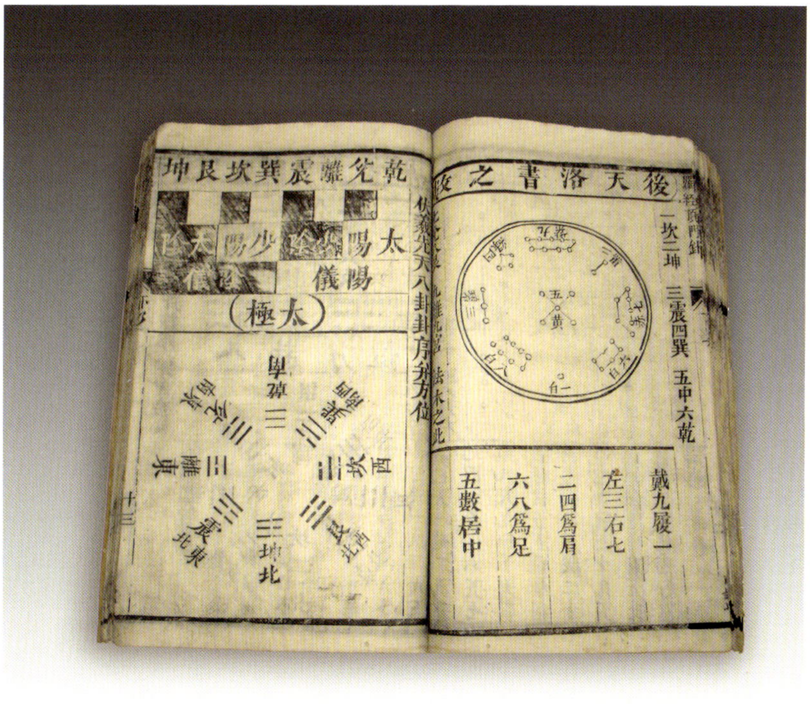

顶门针·清 重庆市珍贵古籍，二卷，鄙言一卷、简易图解一卷，明徐之镆著，黔江区图书馆现存清刻本，1 册全。

八铭钞二集 · 清　重庆市珍贵古籍，二集，不分卷，清吴兰陔撰，黔江区图书馆现存乾隆四十八年（公元 1783 年）二酉堂刻本；初集 4 册、二集 3 册全。

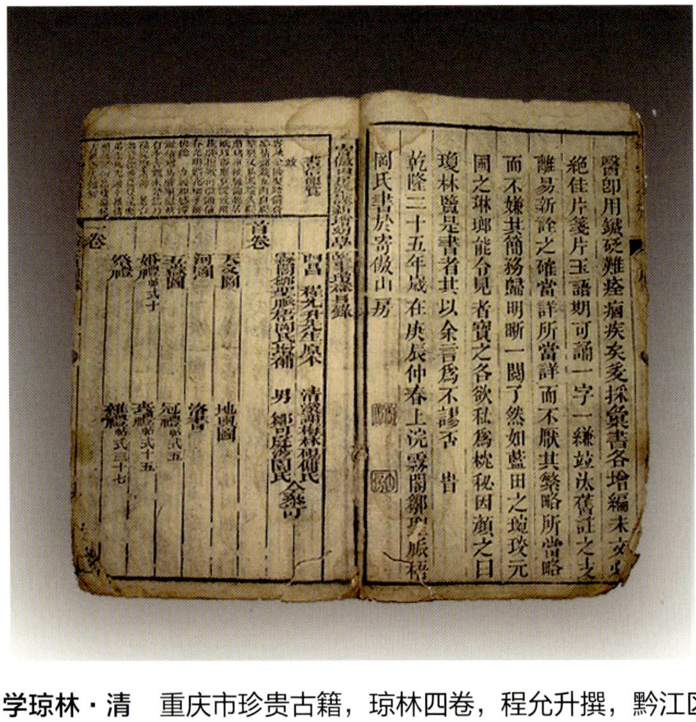

幼学琼林 · 清　重庆市珍贵古籍，琼林四卷，程允升撰，黔江区图书馆现存乾隆二十五年（公元 1760 年）刻本，实存 2 册 2 卷。

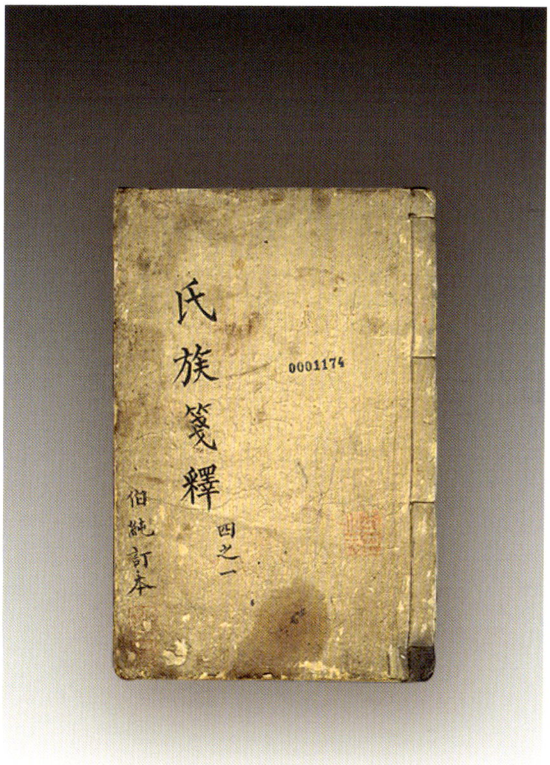

氏族箋释·清 重庆市珍贵古籍，八卷，熊峻远著，黔江区图书馆现存雍正二年（公元 1724 年）刻本，3 册全。

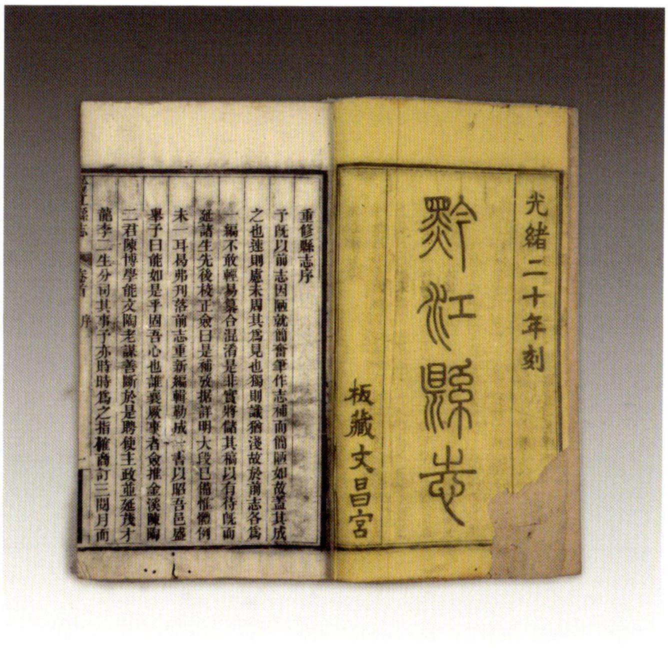

黔江县志·清 长 28 厘米、宽 17 厘米、厚 6 厘米。光绪二十年（公元 1894 年）刻本，共五册。原黔江县正阳乡龚姓居民捐赠。

杨建屏荷花图残屏·清 三级文物，纵170厘米、横42厘米。从民间征集。

朱锡鸿山水图残屏·清 三级文物，纵 144 厘米、横 38 厘米。从民间征集。

王溥山水图轴·清 绢本，三级文物，纵85.5厘米、横36.5厘米。从民间征集。

光元鲲百寿图轴 · 民国 三级文物，纵 130 厘米、横 45 厘米。从民间征集。

向导周刊·1933年 长26厘米、宽18.7厘米、厚0.6厘米。第777~1196页。从民间征集。

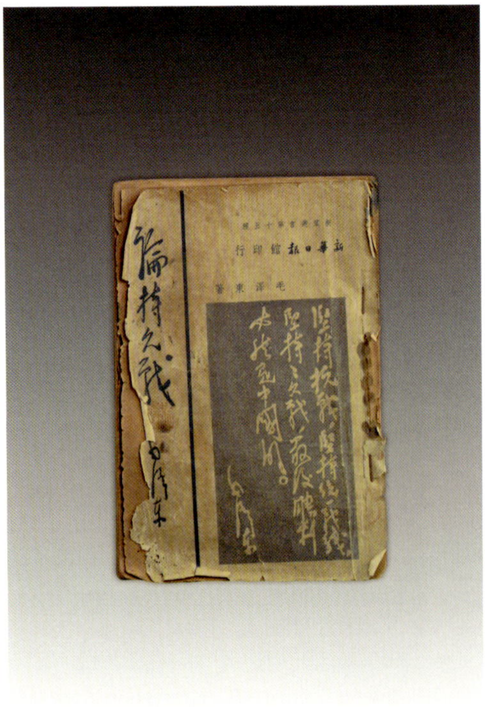

毛泽东《论持久战》·1938年 长18.5厘米、宽12.7厘米、厚0.5厘米。新华日报馆印行，共82页。从民间征集。

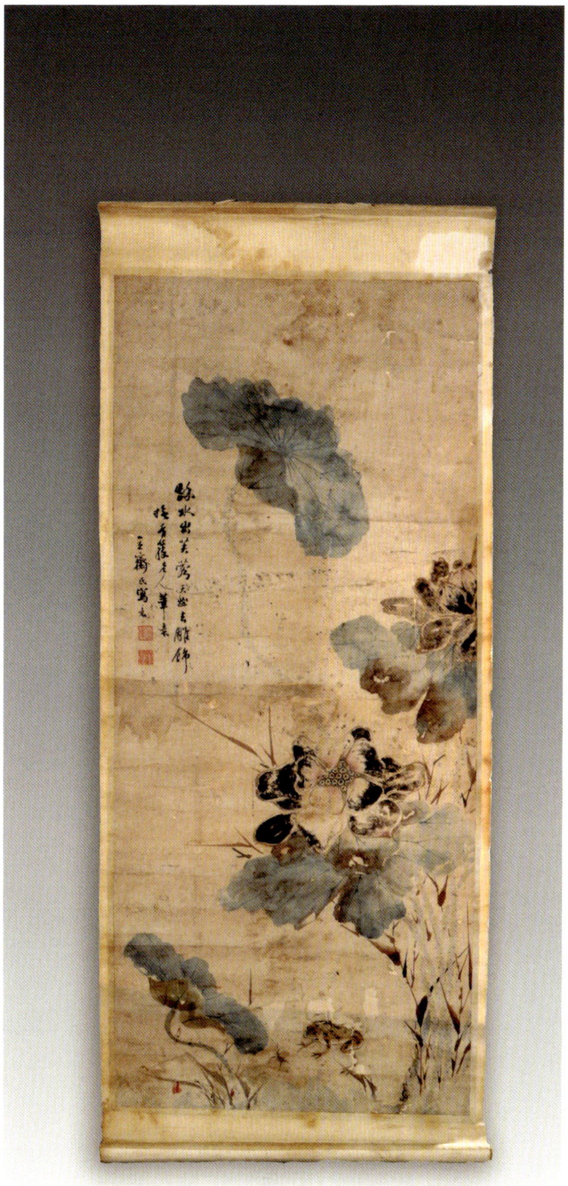

立斋荷花图轴·清 三级文物，纵 104.5 厘米、横 45 厘米。从民间征集。

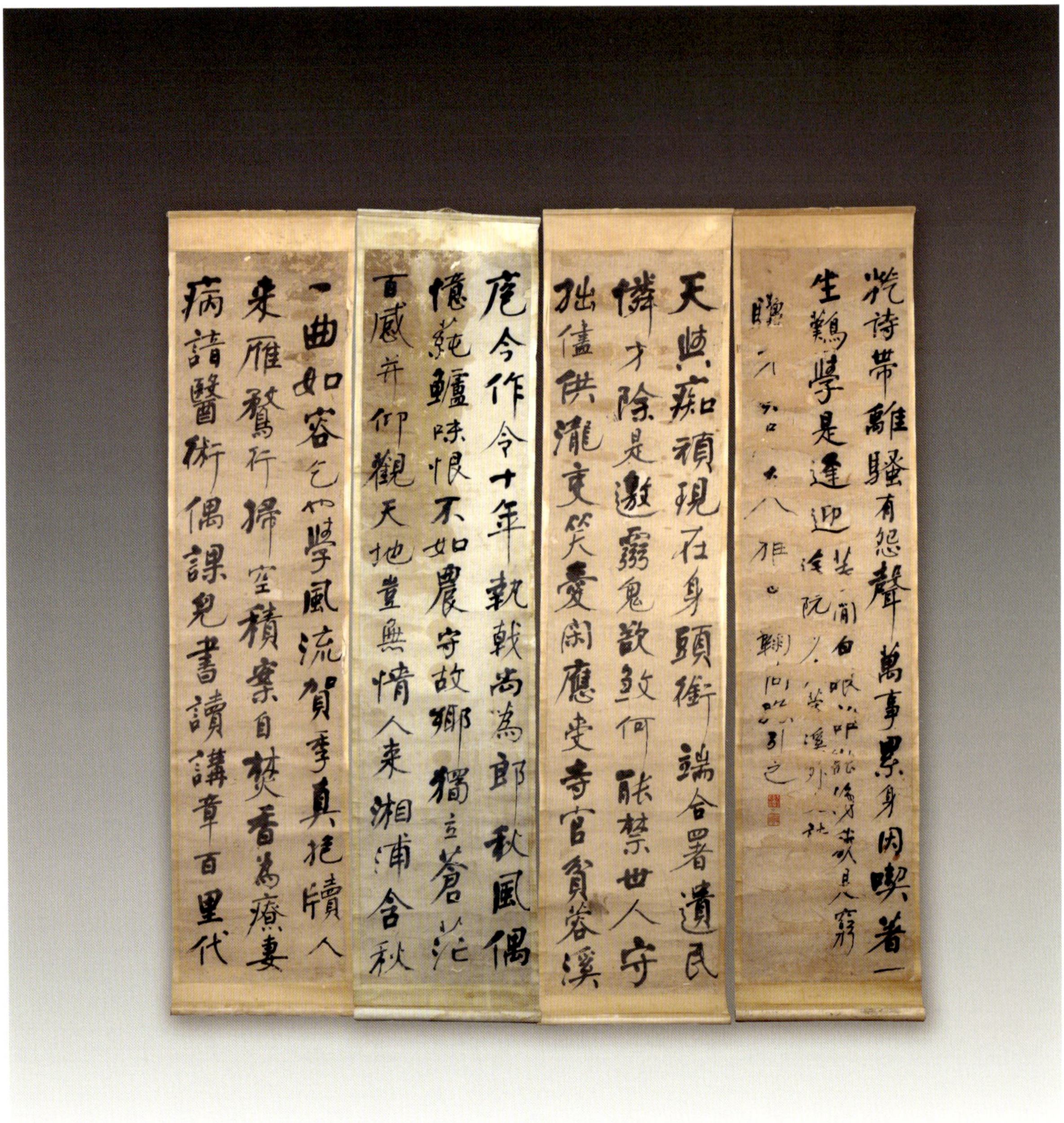

鞠周楷书屏·清 三级文物，纵 172 厘米、横 41 厘米。从民间征集。

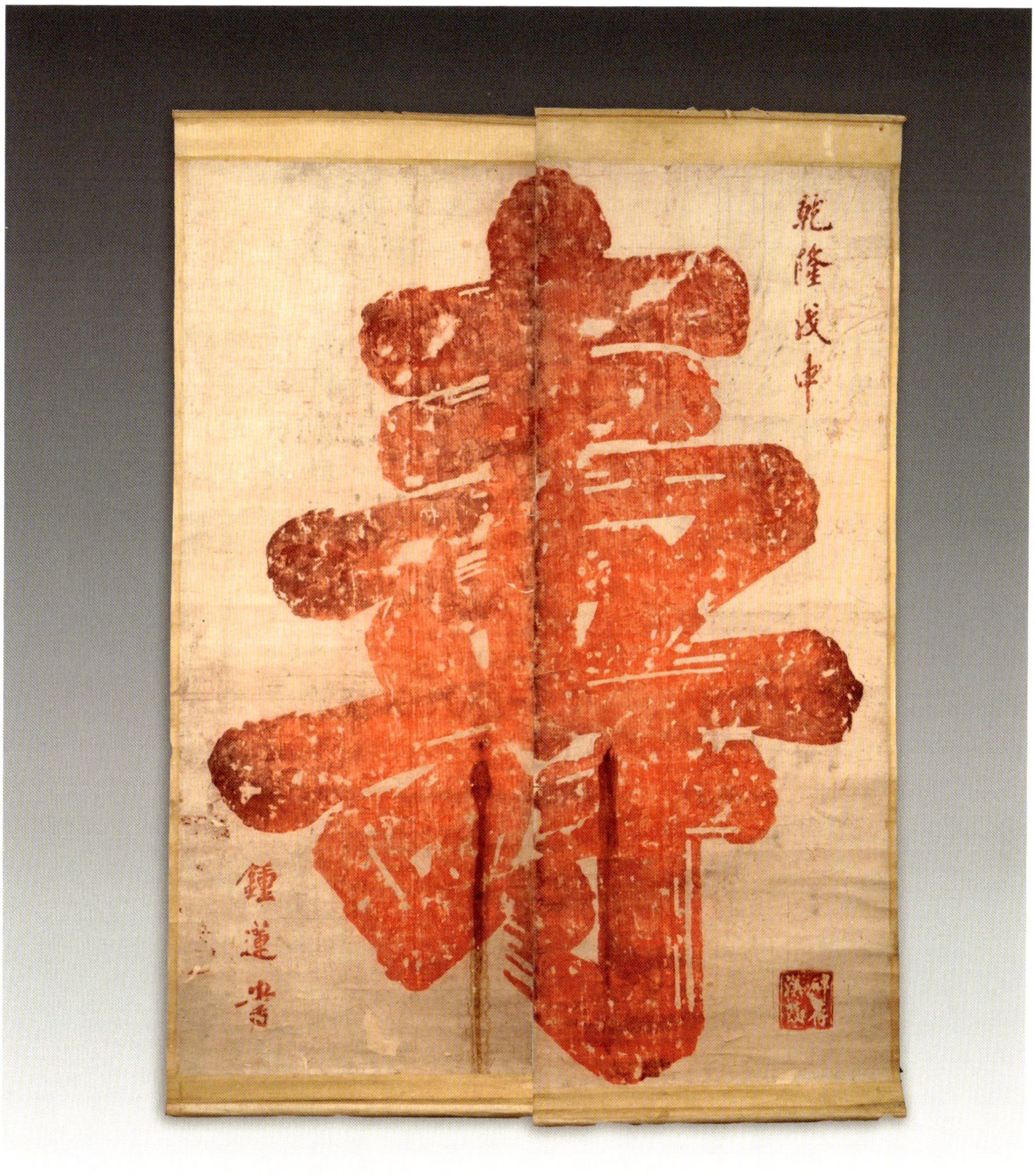

朱拓“寿”字联·民国 三级文物，均纵170厘米、横137厘米。从民间征集。

骆秉乾仿石谷老人山水图卷·民国，三级文物，纵 136.5 厘米、横 30.5 厘米。从民间征集。

骆秉乾仿石谷老人太守图卷·民国 三级文物，纵 43 厘米、横 144.5 厘米。从民间征集。

介五福昌阿山水图轴·清 纵 110 厘米、横 50.5 厘米。从民间征集。

光元鲲月夜虎啸图轴·民国 纵 132.5 厘米、横 51 厘米。从民间征集。

陈曦石榴梅花图残屏・清 均纵 147 厘米、横 38 厘米。从民间征集。

宜之源风雨归舟图轴·清　纵 82 厘米、横 44 厘米。从民间征集。

余兆瑞山水人物图轴·民国 纵 74 厘米、横 36 厘米。从民间征集。

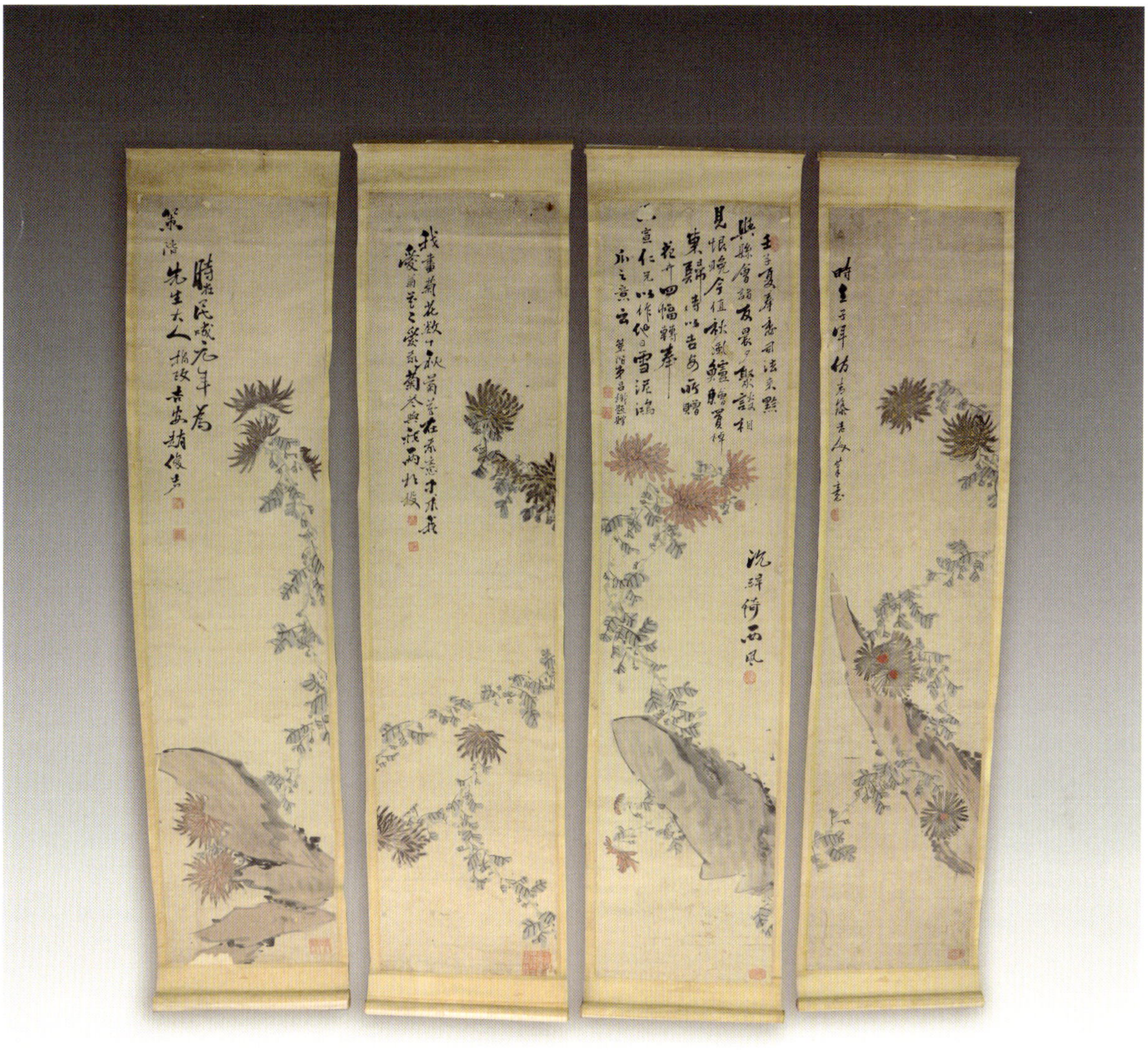

菊花图屏 · 民国 纵 125~127 厘米、横 29.5~30.5 厘米。从民间征集。

子安绿阴桥景趣图轴·民国 纵 146 厘米、横 80 厘米。从民间征集。

宋忆渊墨梅图轴 · 民国 纵 133 厘米、横 53 厘米。从民间征集。

嵎尚牡丹锦鸡图轴 · 民国 纵 147 厘米、横 38.5 厘米。从民间征集。

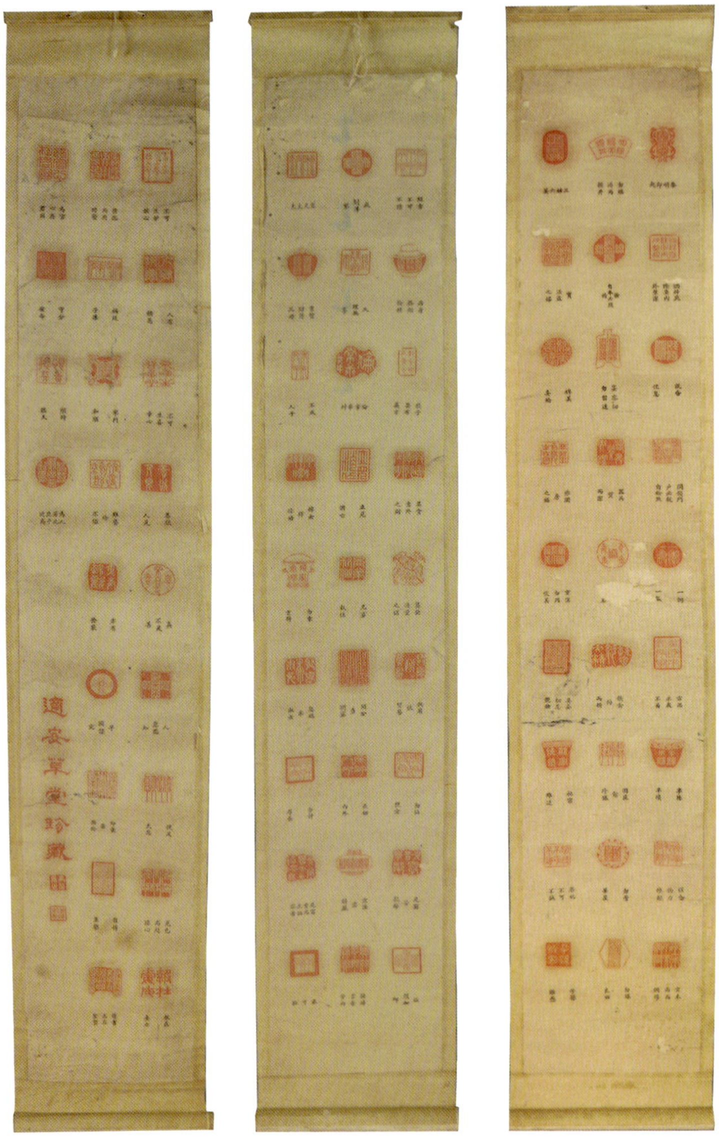

高景篆刻屏 · 清 纵 144~145 厘米、横 23.5~24 厘米。从民间征集。

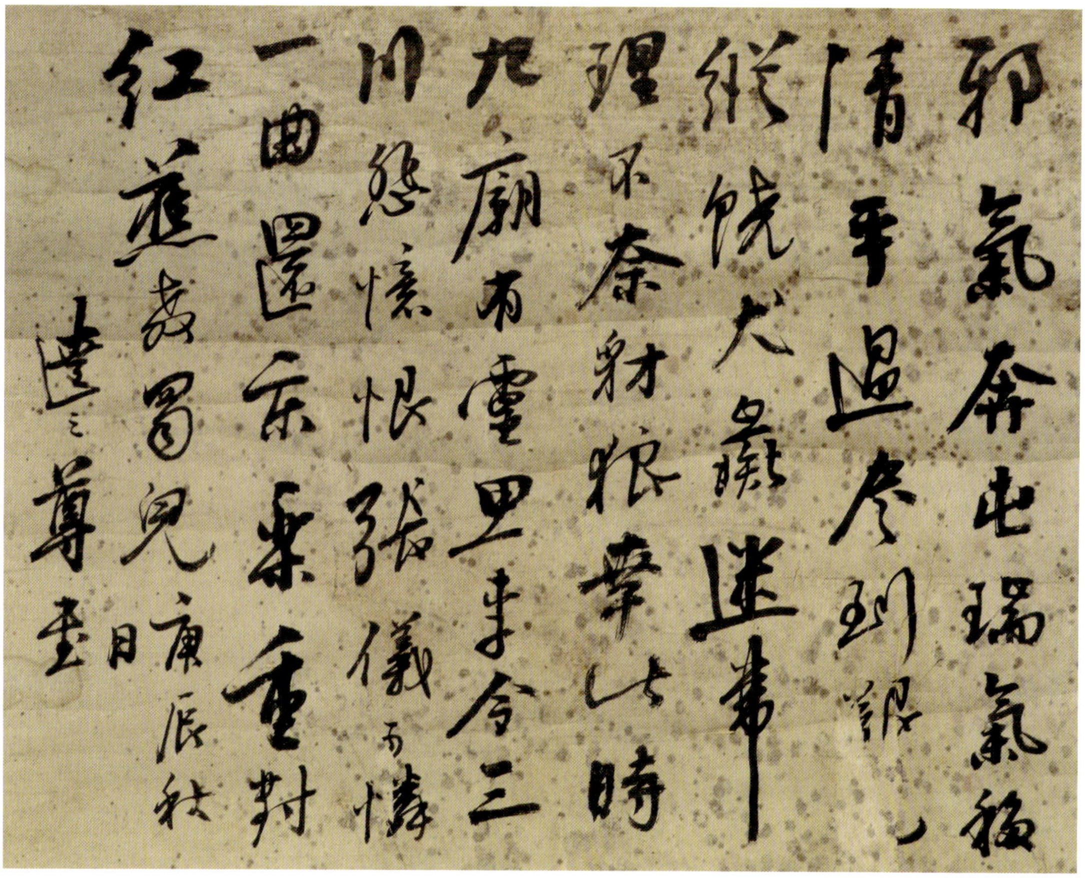

达之尊行书斗方 · 清 纵 29.5 厘米、横 37.5 厘米。从民间征集。

捌

木雕家具

“德被群生”木匾·民国 三级文物，长 280 厘米、宽 107 厘米、厚 4 厘米。从原黔江县针织厂征集。

木镇纸·清 长 13 厘米、宽 4.8 厘米、厚 2.3 厘米。从民间征集。

木雕双龙纹洗脸架·清 宽52厘米、高149厘米。从民间征集。

木雕花卉人物纹洗脸架·民国 宽58厘米、高164厘米。从民间征集。

木雕花卉纹油灯架·清 长43厘米、宽23厘米、高100厘米。从民间征集。

木制织布机·民国 长156厘米、宽102厘米、高209厘米。从民间征集。

花鸟龙凤纹木抬盒·清　长 78 厘米、宽 39 厘米、高 87 厘米。从民间征集。

雕花木抬盒·清 长 83 厘米、宽 46 厘米、高 98 厘米。从民间征集。

扶手木椅·清 长62厘米、宽46厘米、高99厘米。从民间征集。

人物纹扶手木椅·清 长63厘米、宽49厘米、高109厘米。从黔江区杉岭乡兴隆村征集。

雕花人物纹木椅 · 清 长 58.5 厘米、宽 44 厘米、高 100 厘米。从民间征集。

雕花人物书卷纹木椅 · 清 长 59.5 厘米、宽 45.5 厘米、高 98.5 厘米。从民间征集。

八仙人物书卷纹木椅 · 清 长 60 厘米、宽 45.5 厘米、高 104 厘米。从民间征集。

花鸟人物官帽纹木椅 · 清 长 56.5 厘米、宽 45 厘米、高 102 厘米。从民间征集。

雕花人物纹木官帽椅 · 清 长 61 厘米、宽 46 厘米、高 100 厘米。从民间征集。

雕花人物纹木椅 · 清 长 56.5 厘米、宽 41 厘米、高 106 厘米。从民间征集。

凤纹半圆木桌·清 半圆直径 109 厘米、高 86 厘米。从民间征集。

雕花木圆桌·清 直径 76 厘米、高 54 厘米。从民间征集。

雕花圆木桌·清 直径 115 厘米、高 85 厘米。从黔江区马喇中学征集。

木质八仙桌·清 长 94、宽 94、高 83 厘米。从民间征集。

半圆木桌·清 半圆直径 112.5 厘米、高 8 厘米。从黔江区马喇镇杉树村征集。

直足半圆木桌·民国 直径 109 厘米、高 83 厘米。从黔江区五里乡征集。

寿云纹木几案·清 长 93 厘米、宽 42 厘米、高 27 厘米。从黔江区杉岭乡大旺村征集。

木圆凳·清 直径 45.5 厘米、高 53 厘米。从民间征集。

木雕人物花兽纹衣柜·清 长 100 厘米、宽 47 厘米、高 144 厘米。从民间征集。

木雕花兽纹衣柜 · 清　长 129 厘米、宽 44.5 厘米、高 70.5 厘米。从民间征集。

木碗柜·清 长 136 厘米、宽 43 厘米、高 135 厘米。从民间征集。

雕花木床·清 长 215.5 厘米、宽 168.5 厘米、高 230 厘米、塌宽 45.5 厘米。从黔江区马喇镇洋田村征集。

木架子床·民国 长 202.5 厘米、宽 145 厘米、高 262 厘米。从民间征集。

浮雕松鹤纹床面・清 长 197.6 厘米、高 142 厘米。从原黔江县杉岭乡李德安家征集。

木雕花卉螭纹衣帽架・清 长 164 厘米、宽 23 厘米、高 169 厘米。从民间征集。

木礼盒·民国 长80.3厘米、宽50厘米、高92厘米。从民间征集。

木雕龙纹衣帽架·清 长120厘米、宽40厘米、高110厘米。从民间征集。

木雕花蝶纹梳妆盒·清 长 33.8 厘米、宽 33.5 厘米、高 23.8 厘米。从民间征集。

雕双龙戏珠纹木盒·清 长 30 厘米、宽 13.5 厘米、高 20 厘米。从黔江区马喇镇龙溪村一组征集。

木升斗·明 量具，口径28厘米、高34.5厘米。从民间征集。

木砻·民国 高 88 厘米、直径 60 厘米。
从黔江区黄溪镇彬元村三组征集。

“周官西学考”木刻版·清 长 28 厘米、宽 20 厘米、厚 1.7 厘米。从原黔江县太极乡柚溪觉良寺征集。

钱串木盘·清 长 52 厘米、宽 25.7 厘米、厚 2.7 厘米。从民间征集。

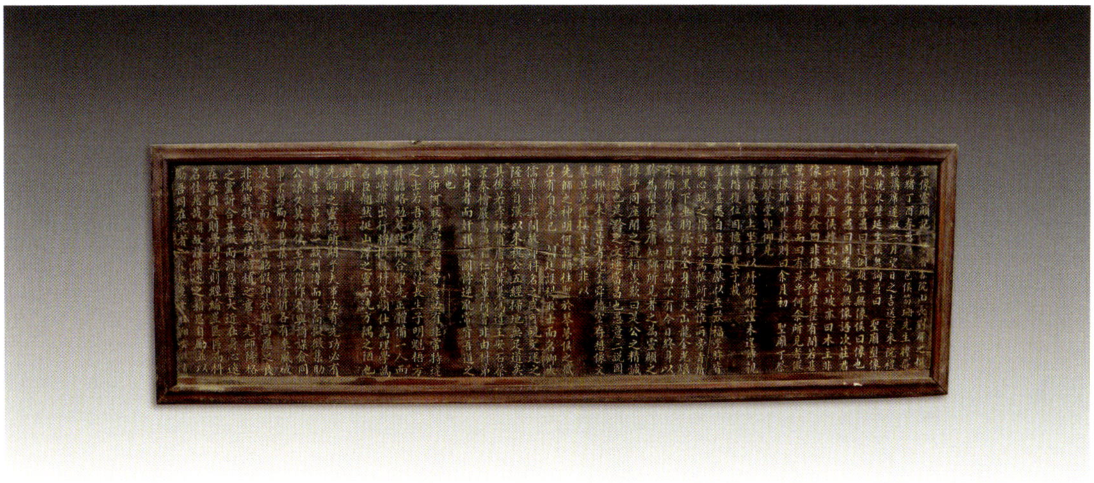

墨香书院木刻·清　长 147 厘米、宽 46、边框厚 3.2 厘米。从原黔江县联合镇征集。

木灵官尺·民国　长 43.5 厘米、宽 4.50 厘米、厚 1 厘米。从民间征集。

木烟盒·民国 长 8.8 厘米、宽 5.3 厘米、厚 3.2 厘米。从民间征集。

木枕·清 长35厘米、宽22厘米、高15.5厘米。从黔江区沙坝石子村麻园采集。

镂雕钱纹木花板·清 长58厘米、宽17厘米、厚1.7厘米。从黔江区城东街道封山村征集。

镂雕云龙纹木窗·清 长87厘米、宽56厘米、厚0.5厘米。从黔江区城东街道封山村征集。

镂雕鸟纹木花板·清 长58厘米、宽17.5厘米、厚1.8厘米。从黔江区城东街道封山村征集。

镂雕龙蟹鱼纹木花板·清 长58厘米、宽17厘米、厚1.6厘米。从黔江区城东街道封山村征集。

圆雕木狮·清　长 144 厘米、宽 35 厘米、高 32 厘米。从黔江区杉岭乡兴隆村征集。

镂雕人物纹木窗·清　长 86 厘米、宽 56 厘米、厚 0.5 厘米。从黔江区城东街道封山村征集。

镂雕蝙蝠纹木窗·清 长96厘米、宽53厘米、厚2.6厘米。从黔江区杉岭乡大旺村征集。

镂雕持花倚鹿纹木窗·清 长98厘米、宽99厘米、厚3厘米。从黔江区杉岭乡林木村征集。

雕刻戏曲人物图木花板·清 均长 47 厘米、宽 17 厘米、厚 2.4 厘米。从黔江区杉岭乡大旺村征集。

玖 挑花刺绣

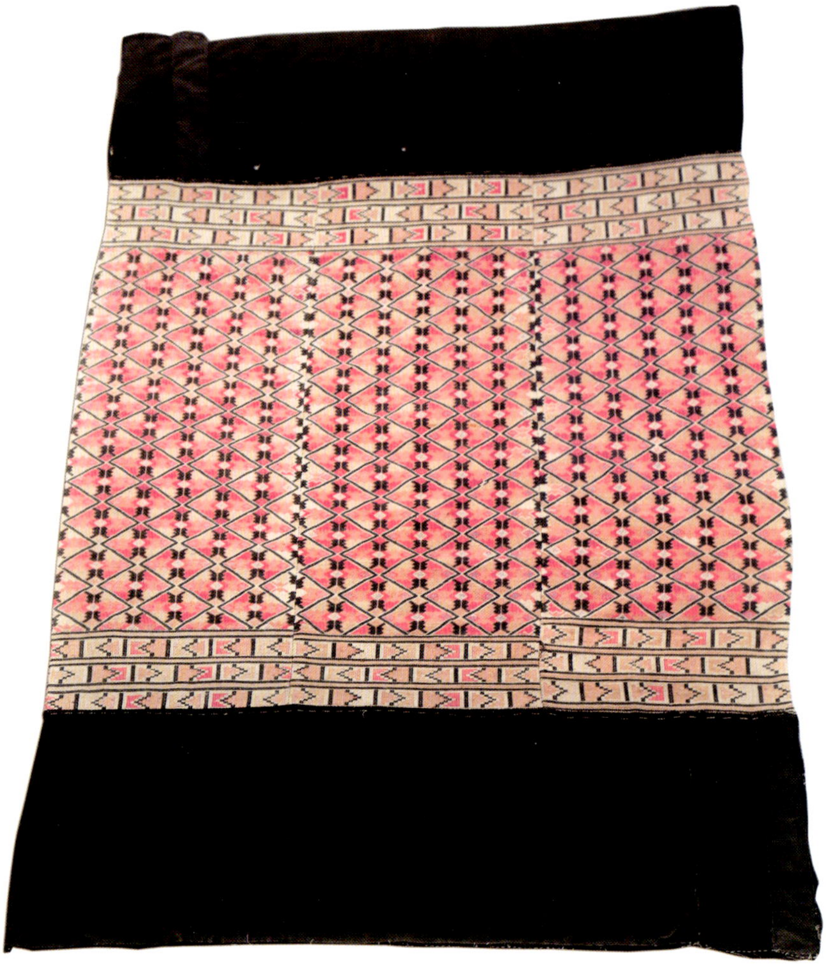

水红色菱格纹西兰卡普·民国 长 175 厘米、宽 105 厘米。从民间征集。

蓝色花纹西兰卡普·民国 长 96.5 厘米、宽 65 厘米。从民间征集。

几何纹西兰卡普·清 长 64 厘米、宽 34.5 厘米。从民间征集。

万字几何纹西兰卡普·民国 长 58 厘米、宽 41 厘米。从民间征集。

枕帕·民国 长55～60厘米，
宽30～36厘米。从民间征集。

枕帕 · 民国 长 55 ~ 60 厘米，宽 30 ~ 36 厘米。从民间征集。

挑花方帕・民国　边长 31 ~ 40 厘米。从民间征集。

刺绣枕顶 · 民国 长 16 ~ 23 厘米，
宽 13.5 ~ 23 厘米。从民间征集。

刺绣骑马抬轿图枕帕·民国 长69厘米、宽32厘米。从民间征集。

挑花布帐帘·民国 长216厘米、宽33厘米。从民间征集。

刺绣绣花鞋面・民国　长 21 厘米、高 6 厘米。从民间征集。

刺绣“捌宝”绣球・民国　腹围 41.5 厘米。从民间征集。

蓝色刺绣菊花纹女式上衣·民国 衣长 100 厘米、袖长 55 厘米、袖口周长 92 厘米。从民间征集。

挑花男式白布裤·民国 腰围 104 厘米、裤长 95 厘米。从民间征集。

红绸刺绣麻姑献寿中堂 · 民国 长 157 厘米、宽 97 厘米。从民间征集。

拾

其他

海螺杯·清 长10.3厘米、宽6.8厘米、高5厘米。原黔江县财政局移交。

象牙棋子“車”·明 直径 5.2 厘米、厚 1.8 厘米。从民间征集，为原黔江县石家交溪陈氏祖传。

征粮卷·民国 长 10 ~ 17.5 厘米，宽 5 ~ 12 厘米。原黔江县冯家区公所移交。

后 记

文物是人类在历史长河的社会生产、生活和实践中遗留下来的不可再生的物质文化遗产，为人类历史和文明的见证。黔江自有史以来，土家、苗、汉各族人民用他们勤劳的双手，创造了璀璨独特的民族文化，在中华民族史上谱写了光辉的篇章。

《丹兴遗珍——重庆市黔江区第一次全国可移动文物普查成果专辑》画册是在国家文物局组织全国进行第一次国有可移动文物普查基础上的民族文化成果展示，集中呈现了黔江各类型文物精粹的影像图集，在文物资料选用过程中，我们既考虑了文物珍稀程度和价值，又兼顾各类型的典型文物；既考虑了各文博单位的代表文物，又兼顾突出有特色的地方性和民族性文物；既考虑了黔江的历史源流，又兼顾社会的发展流程；既考虑了文物的照片质量，又兼顾文物的文化特性。总之，把黔江最为典型的文物形象和文化带给大家，以飨共享。“丹兴”二字源于汉代黔江所在地最早的历史县名，为凸显黔江深厚文化积淀及其对后世的影响，书名故采用之。

《丹兴遗珍——重庆市黔江区第一次全国可移动文物普查成果专辑》画册收录了黔江区文物管理所、黔江区图书馆、重庆市民族博物馆、黔江区旅游天地有限公司、黔江区冯家街道办事处万涛故居陈列馆的文物图片共 255 张，它们在黔江区第一次全国可移动文物普查中，经过了严格认定、登记、审核和验收各个环节。翻开它的篇章，一幅幅生动的历史画卷和生活点滴呈现在世人面前。

《丹兴遗珍——重庆市黔江区第一次全国可移动文物普查成果专辑》画册从编撰之初便成立了编辑委员会，在编委会统一领导下开展各项编辑工作。方智慧副主任负责全面统筹，颜道渠副研究馆员负责文物图片的遴选和分类，马春馆员负责铜器、铁器、陶器、石器、碑刻、古籍书画、木刻家具、挑花刺绣类文物的文字说明编写，彭一峰馆员负责瓷器、化石、家具、金银器、杂件、玉器类文物的文字说明编写，宋发芳副研究馆员负责全书文字图片的编辑审核。

《丹兴遗珍——重庆市黔江区第一次全国可移动文物普查成果专辑》画册在编辑过程中得到了重庆市民族博物馆、黔江区图书馆、黔江区旅游天地有限公司、黔江区冯家街道办事处的大力支持。在编辑中，我们秉承“忠于史实，忠于文物”的理念认真复核和审定，以尽力保持文物原貌、减少书中错误和失误。但由于编辑时间和水平有限，文中难免有不足和错漏之处，恳请大家谅解并指正。

编者

二〇一八年七月